FÜR UNS!

DIESES BUCH GEHÖRT:

....

....

....

CHRISTIANE KÜHRT

WEIHNACHTEN GANZ EASY

DIE BESTEN REZEPTE FÜR EINE STRESSFREIE ADVENTS- UND WEIHNACHTSZEIT

MEHR GLITZER, BITTE

Ich liebe Weihnachten und freue mich jedes Jahr wieder neu auf die Adventszeit mit der Familie und Freunden. In unserer Familie zelebrieren und genießen wir die Weihnachtsvorbereitungen weitgehend stressfrei mit all ihren Traditionen. Wie das geht? Mit guter Planung, ein bisschen weniger Perfektionismus und einer positiven Einstellung. Gemeinsam zu basteln, zu backen, das Fest vorzubereiten und dann gemütlich zu feiern, ist bereichernd und macht allen Spaß. Was Freude macht, gibt Energie – und nimmt sie nicht.

Sie haben es selbst in der Hand: Statt zu jammern, dass früher mehr Lametta war, können Sie selbst für etwas mehr Glitzer sorgen – ganz nach dem Motto „Stimmung statt Stress“. Dieses Buch möchte Sie dabei unterstützen. In den folgenden Kapiteln finden Sie nicht nur weihnachtliche Rezepte für gemeinsame Adventssonntage, leckere Plätzchen, genussvolle Geschenke und schnelle Festtagsmenüs, sondern auch jede Menge Tipps, wie Sie dem Advent seinen ursprünglichen Zauber zurückgeben können, den unsere Kinder immer noch spüren.

Genießen Sie die Weihnachtszeit!

Christiane Kührt

INHALT

DER ADVENTSPLANER FÜR EINEN COUNTDOWN OHNE STRESS

Die besinnliche Zeit sollte eigentlich mit dem 1. Advent beginnen. Damit das klappt, legt man den Stichtag für die Vorbereitungen möglichst schon auf Mitte November. Mit einem kleinen Zeitplan lassen sich die Aktivitäten und anstehenden Aufgaben besser koordinieren, man behält den Überblick und vermeidet Hektik. Forscher haben bestätigt: Eine To-do-Liste hat einen entspannenden Effekt. Sie setzt einen gedanklichen Haken hinter die Erledigungen von morgen.
Meist sind es unsere eigenen Ansprüche, alles perfekt haben und machen zu wollen, die den Stress verursachen. Dabei wäre das Haus auch mit etwas weniger Weihnachtsdeko schön und Adventskalender und Adventskranz müssen ja nicht immer selbst gemacht sein.

1.–15. November

- ☐ Wunschzettel einfordern
- ☐ Zeit für selbst gemachte Geschenke
- ☐ Geschenke einkaufen, solange die Stadt noch nicht so voll ist
- ☐ Adventskalender besorgen oder selbst machen
- ☐ eine Runde Plätzchen oder Stollen backen für den 1. Advent und den ersten Vorrat

Ende November

Adventskranz besorgen oder selbst binden und schmücken und mit etwas Deko Weihnachtsstimmung ins Haus bringen.

Am 4. Dezember Barbarazweige abschneiden

Anfang Dezember

Äpfel, Nüsse oder andere Kleinigkeiten für die Nikolausstiefel besorgen

je einen Nachmittag zum Plätzchenbacken und Basteln mit den Kindern reservieren

ZWEI WOCHEN VOR DEM FEST

- ☐ den Baum besorgen – im Wald oder auf einem Bauernhof mit Rahmenprogramm macht es besonders Spaß
- ☐ Kerzenvorrat überprüfen und ergänzen, elektrische Kerzengirlande kontrollieren
- ☐ Weihnachtspost schreiben, in der Woche vor Weihnachten wegschicken, Auslandspost schon früher
- ☐ eine Liste mit allen Dingen machen, die noch erledigt werden müssen

+ VOLLKOMMEN OKAY

Weihnachtsfeiern oder Einladungen, auf die man keine Lust hat, darf man auch mal absagen.

EINE WOCHE VOR DEM FEST

den Speiseplan für die Festtage festlegen und Einkaufszettel dafür schreiben; ggf. Vorbestellungen für bestimmte Lebensmittel machen

alle haltbaren Lebensmittel und ggf. Dekomaterial einkaufen

letzte Geschenke besorgen, den Müllmann, den Postboten, den Zeitungsträger und alle anderen, die uns das ganze Jahr unterstützen, nicht vergessen

22./23. DEZEMBER

- ☐ alle frischen Lebensmittel wie Obst, Gemüse und Milchprodukte einkaufen
- ☐ letzte Geschenke einpacken
- ☐ wenn möglich, den Weihnachtsbaum schon jetzt schmücken

REZEPT FÜR GANZ VIEL WEIHNACHTSGLÜCK

- + 1 Päckchen Liebe
- + 1 Portion Gelassenheit
- + 1 Löffel Herzenswärme
- + 100 Gramm Vorfreude
- + 1 große Portion Versöhnlichkeit
- + 1 Handvoll gute Wünsche
- + 1 Prise Besinnlichkeit

Alle Zutaten tief im Herzen bewegen und mit lieben Menschen teilen.

HEILIGABEND

- ☆ Den Tag mit einem schönen Frühstück beginnen , bevor man allerletzte Besorgungen (Metzger, Bäcker) macht.
- ☆ Wer den Weihnachtsbaum noch nicht am Vorabend geschmückt hat, macht es jetzt. Wie wäre es, wenn Sie ihn mal gemeinsam mit den Kindern schmücken? Schließlich kann auch das Christkind Hilfe manchmal gut gebrauchen.
- ☆ Mittags gibt es was Schnelles, dann den Tisch für abends decken und das Abendessen soweit wie möglich vorbereiten.
- ☆ Vielleicht bleibt noch Zeit für einen kleinen Winterspaziergang vor der Bescherung. Eine schöne Einstimmung aufs Fest ist auch der Besuch einer Kindermette in der Kirche.

+ MACHT LAUNE

Stellen Sie eine CD oder Playlist mit den Lieblings-Weihnachtsliedern der Familie zusammen.

+ AUFGABEN DELIGIEREN

Gehen Sie mit Ihrer Familie die To-do-Liste durch, binden Sie alle Familienmitglieder in die Vorbereitungen mit ein und überlegen Sie frühzeitig, wer welche Aufgaben übernimmt.

1
2
3
4

KAPITEL 1

ADVENTS SONNTAGE

Sie möchten die Vorweihnachtszeit zu etwas Besonderem machen? Dann nutzen Sie vor allem die Wochenenden dafür: In diesem Kapitel finden Sie nicht nur ein kleines Lexikon traditioneller Weihnachtsbräuche, sondern auch Anregungen für eigene Aktivitäten und Rituale. Dabei darf natürlich der kulinarische Rahmen nicht fehlen: raffinierte Rezepte fürs Adventsfrühstück und für die Kaffeeeinladung, Warmes und Leckeres zum Aufwärmen nach dem Schneemannbauen, Schlittenfahren oder der Schneeballschlacht.

ADVENT – DIE ZEIT DER VORFREUDE

Seit dem 5. Jahrhundert bereiten sich Christen im Advent auf die Geburt von Jesus vor. Sehr lange hielt sich der Advent als Fastenzeit. Erst über Jahrhunderte hinweg entwickelten sich die heutigen Traditionen. Die Weihnachtszeit lebt durch ihre Bräuche, aber auch von kleinen persönlichen Ritualen in der Familie und mit Freunden.

BRÄUCHE IM ADVENT

ADVENTSKALENDER

Um die Tage bis zum Fest überschaubarer zu machen, brachte ein Münchner Verleger 1903 einen Weihnachtskalender auf den Markt, auf den bis zum Fest 24 Bilder geklebt werden konnten. Heute gibt es Adventskalender in allen erdenklichen Formen und Varianten. Eine Idee für einen selbst gebastelten Kalender finden Sie auf S. 38.

ADVENTSKRANZ

Ein Hamburger Pastor schmückte 1838 seine Kapelle mit einem großen Kranz aus Tannenzweigen. Für jeden Tag stellte er eine Kerze auf den Kranz: werktags eine kleine, sonntags eine große. Der heutige Adventskranz hat nur noch die Sonntagskerzen.

BARBARAZWEIGE

Die heilige Barbara, Tochter eines reichen Kaufmanns im 3. Jahrhundert, ließ sich gegen den Willen ihres Vaters taufen. Der ließ sie deswegen einsperren und zum Tod verurteilen. Auf dem Weg ins Gefängnis, so die Legende, verfing sich ein Kirschzweig in ihrem Kleid. Sie steckte ihn ins Wasser und der Zweig begann zu blühen. Am 4. Dezember gedenkt man der heiligen Barbara, indem man Apfel- oder Kirschzweige abschneidet und ins Wasser stellt. Wer mag, bindet kleine Zettel mit Wünschen an die Zweige. Es heißt, dass die Wünsche in Erfüllung gehen, wenn die Zweige bis Heiligabend zu blühen beginnen.

NIKOLAUS

Der türkische Bischof Nikolaus von Myra, den man bereits seit 1222 jedes Jahr am 6. Dezember verehrt, lebte im 4. Jahrhundert und war als Wohltäter bekannt. Man erzählt sich beispielsweise, dass er plündernden Piraten die Kirchenschätze überließ, damit sie die Kinder der Stadt nicht mit in die Sklaverei nahmen.

Im Mittelalter zog jedes Jahr am 6. Dezember ein als Bischof verkleideter Junge mit einem Esel durch die Stadt. Die Kinder stellten einen Schuh mit Heu für den Esel vor die Tür, der Nikolaus steckte zum Dank Pfefferkuchen und Äpfel hinein.

Heute gibt es am Nikolaustag oft schon große Geschenke. Wer da nicht mitmachen will, aber trotzdem etwas Besonderes mag, füllt einen Sack mit extradicken Orangen, schönen rotbackigen Äpfeln und besonderen Süßigkeiten, die es so vielleicht nur an Nikolaus gibt. Vielleicht stecken Sie auch einen persönlichen Brief vom Nikolaus in den Sack mit einem kleinen Rückblick aufs letzte Jahr.

Kleine Weihnachtswunder

Nicht nur traditionelle Bräuche, auch kleine Rituale in der Familie können die Weihnachtszeit verzaubern. Bei meiner Schwester markiert zum Beispiel jedes Jahr ein kleiner Trompetenengel den Abgabeplatz für die Wunschzettel. Am Wohnzimmerfenster gibt es zur Weihnachtszeit eine Schale, in der bis heute immer wieder kleine Überraschungen liegen: Plätzchen, Süßes, Früchte oder auch mal ein Block, ein Haargummi oder ein Stift, der gerade benötigt wird.

Mit einer Wunderkerze vor dem Schlafengehen kann man sich nicht nur beim Christkind oder Nikolaus bedanken, man kann sich, während sie Sterne funkt, auch gemeinsam etwas Schönes wünschen. Ein kleines Windspiel auf dem Balkon oder im Garten erzeugt an zugigen Winterabenden geradezu himmlische Klänge. Und wie wäre es, zusammen ein Päckchen für Hilfsorganisationen zu packen, damit auch Menschen, denen es nicht so gut geht, eine Weihnachtsfreude erleben?

Finden Sie Ihre eigenen Familienrituale. Vieles, was Sie jetzt zelebrieren, wird Ihren Kindern in schöner Erinnerung bleiben. Wenn der Himmel im Advent abends intensiv hellrot leuchtet – und das passiert oft im Dezember –, denke ich noch heute an meine Oma, die dann immer sagte: „Sieh nur, jetzt backen die Engel."

Freunde & Familie einladen

Der Advent ist eine schöne Zeit, Freunde und Familie zu treffen. Ein Tässchen Kaffee, Tee oder Punsch, dazu ein paar Plätzchen – so eine Einladung macht wirklich wenig Arbeit. Vielleicht bummelt man davor gemeinsam über den Weihnachtsmarkt, macht einen Winterspaziergang, geht Schlittenfahren oder Schlittschuhlaufen. Auch der Nikolaustag ist ein perfekter Tag für ein gemütliches Treffen. Wenn mehrere Familien mit Kindern zusammenkommen, lohnt es sich sogar für den Nikolaus, ihnen einen Besuch abzustatten. Und danach schieben Sie vielleicht eine schnelle Quiche oder pikante Blätterteigtörtchen in den Ofen. Die Rezepte dazu finden Sie auf Seite 20/21.

Bei uns gibt es jeden Adventssonntag ein gemeinsames Familienfrühstück, abwechselnd bei Oma und bei uns. Dann sitzen wir bis zum frühen Nachmittag zusammen und genießen die gemeinsame Zeit. Ein Adventsbrunch ist auch mit Freunden schön. Am besten bringt dafür jeder etwas mit: der eine die Brötchen, der andere Stollen, Muffins oder Plätzchen, etwas Fruchtiges, einen Salat oder eine Suppe. So bleiben die Vorbereitungen nicht an einem allein hängen und es gibt leckere Abwechslung.

TO-ENJOY-LISTE

Dinge, die man in der Weihnachtszeit nicht verpassen sollte:

- ☐ Plätzchen backen
- ☐ Punsch trinken
- ☐ sich unter dem Mistelzweig küssen
- ☐ Freunde einladen
- ☐ Wunschzettel schreiben
- ☐ Plätzchen futtern
- ☐ Weihnachtslieder singen
- ☐ abends durch die Straßen bummeln
- ☐ Danke sagen
- ☐ Weihnachtsgrüße verschicken
- ☐ Herzenswärme verteilen
- ☐ gemütlich auf der Couch kuscheln
- ☐ Weihnachtsfilme anschauen
- ☐ Freunde treffen
- ☐ Geheimnisse hüten
- ☐ entspannen
- ☐ einfach so fremde Menschen anlächeln

CHRISTMAS BROWNIES

Die kleinen Bäumchen sind tolle Hingucker, die ganz einfach nachzumachen sind, aber etwas Zeit zum Dekorieren benötigen. Schneller geht's, wenn Sie auf den Überzug aus dunkler Kuvertüre verzichten und die Bäumchen nur mit Linien aus weißer Kuvertüre und Schokolinsen verzieren.

1 Für die Brownies die Kuvertüre hacken und in einer Metallschüssel über dem heißen Wasserbad unter Rühren schmelzen. Den Backofen auf 170 °C vorheizen. Die Walnüsse im Blitzhacker nicht ganz fein mahlen. Den Boden der Backform mit Backpapier auslegen.

2 Die Eier mit dem Zucker und der Butter schaumig rühren. Die geschmolzene Kuvertüre und das Lebkuchengewürz unterrühren. Erst die Walnüsse, dann das Mehl nur kurz untermischen. Den Teig in die Backform füllen und glatt streichen. Im Ofen auf der mittleren Schiene etwa 20 Minuten backen. Aus dem Ofen nehmen und abkühlen lassen.

3 Für die Glasur Vollmilch- oder Zartbitterkuvertüre und weiße Kuvertüre getrennt hacken und in je einer Metallschüssel über dem heißen Wasserbad unter Rühren schmelzen. Die Kuchenplatte mit der dunklen Kuvertüre überziehen und kurz antrocknen lassen.

4 Die Kuchenplatte der Länge nach in 4 etwa 5½ cm breite Streifen schneiden. Aus jedem Streifen zickzackförmig 11 Tannenbäume ausschneiden. Dabei soll die untere Kante jedes Tannenbaums etwa 5½ cm lang sein. Am besten alle 5½ cm eine kleine Kerbe einritzen und dann die Tannenbäume spitz jeweils zur Mitte zuschneiden. Auf diese Weise entstehen pro Streifen insgesamt 11 Bäumchen. Die Bäumchen etwas auseinanderrücken und trocknen lassen.

5 Die weiße Kuvertüre in einen kleinen Gefrierbeutel füllen. Von einer Ecke eine winzige Spitze abschneiden. Mit diesem Spritzbeutel geschwungene Schokoladenlinien auf die Weihnachtsbäume malen und darauf die Schokolinsen als Kugeln setzen.

ZUTATEN

FÜR 1 RECHTECKIGE BACKFORM MIT 23 × 35 CM

FÜR DIE BROWNIES:
200 g Zartbitterkuvertüre
150 g Walnusskerne
4 Eier
100 g Zucker
200 g weiche Butter
1–2 TL Lebkuchengewürz
200 g Mehl

FÜR DIE GLASUR:
200 g Vollmilch- oder Zartbitterkuvertüre
100 g weiße Kuvertüre
Mini-Schokolinsen

ca. 50 Min.
+ ca. 20 Min. Backzeit

KINDER-
LIEBLING

KINDER-
LIEBLING

CHRISTBAUM-CUPCAKES

1 Kuvertüre hacken und in einer Metallschüssel über dem heißen Wasserbad unter Rühren schmelzen. Backofen auf 180 °C vorheizen. Die Mulden eines Muffinblechs gut einfetten oder mit Papierförmchen auslegen. Eier mit Butter und Zucker schaumig rühren. Die geschmolzene Kuvertüre untermischen. Mehl und Backpulver dazugeben und nur kurz unterrühren. Den Teig in die Mulden des Muffinblechs einfüllen und im Ofen auf der mittleren Schiene etwa 20 Minuten backen. Abkühlen lassen.

2 Den Frischkäse mit Puderzucker verquirlen und mit grüner Speisefarbe einfärben. Die Creme in einen Spritzbeutel mit Sterntülle füllen und auf jeden Muffin einen Tannenbaum aufspritzen: dafür unten etwa im Durchmesser der Muffins beginnen und nach oben hin immer kleiner werden, bis hin zu einer kleinen Spitze. Den Tannenbaum mit Zuckerperlen schmücken.

ZUTATEN

FÜR 12 CUPCAKES
125 g weiße Kuvertüre
Fett für die Form • 3 Eier
200 g weiche Butter
60 g Zucker • 200 g Mehl
½ Päckchen Backpulver
600 g Doppelrahmfrischkäse
140 g Puderzucker
grüne Speisefarbe (Tube)
dicke, bunte Zuckerperlen

ca. 30 Min.
+ ca. 20 Min. Backzeit

SCHNEEMANN-CUPCAKES

1 Backofen auf 180 °C vorheizen. Mulden eines Muffinblechs mit Papierförmchen auslegen. Eier mit Butter und Zucker schaumig rühren, Ricotta untermischen. Orange auspressen, 100 ml Saft unter den Teig rühren. Mehl und Backpulver nur kurz unterrühren. Teig in die Mulden einfüllen und im Ofen auf der mittleren Schiene etwa 20 Minuten backen. Abkühlen lassen.

2 Puderzucker mit Zitronensaft zu einem sehr zähflüssigen Guss verrühren. Je 1 Klecks davon mittig auf die Muffins setzen. Aus Marzipan 12 kleine Nasen formen. Marshmallows mittig leicht einritzen. Die Nasen am Ende in etwas Zuckerguss tauchen, in diese Öffnung drücken und fest werden lassen. Mit Zuckerschrift Augen und Mund aufmalen. Köpfe auf den Guss setzen. Smarties auf den noch feuchten Guss drücken, Arme aus Zuckerschrift auf den getrockneten Guss aufmalen.

ZUTATEN

FÜR 12 CUPCAKES
3 Eier • 150 g weiche Butter
120 g Zucker • 100 g Ricotta
1 große Orange • 250 g Mehl
½ Päckchen Backpulver
150 g Puderzucker • 3 EL Zitronensaft • 20 g rote Marzipanrohmasse • 12 Mini-Marshmallows • braune Zuckerschrift (Tube) • rote Mini-Schokolinsen

ca. 35 Min.
+ 20 Min. Backzeit

QUARKSTOLLEN

Ein traditioneller Christstollen benötigt Zeit, denn der Hefeteig braucht allein zum Aufgehen mehrere Stunden. Da sind Quarkstollen schon praktischer. Sie sind in weniger als einer halben Stunde im Ofen. Und mit Mandeln und kandiertem Ingwer schmecken sie extralecker.

ZUTATEN

FÜR 3 KLEINE STOLLEN

FÜR DEN TEIG:
200 g ungeschälte Mandeln
200 g kandierter Ingwer
200 g weiche Butter
130 g Zucker
Salz
½ TL Kardamompulver
2 Eier
250 g Speisequark (40% Fett)
500 g Mehl
1 Päckchen Backpulver
Mehl zum Verarbeiten

AUSSERDEM:
50 g zerlassene Butter
Puderzucker

ca. 25 Min.
+ ca. 50 Min. Backzeit

1. Den Backofen auf 170 °C vorheizen. Ein Backblech mit Backpapier belegen. Für den Teig die Mandeln im Blitzhacker eher grob als fein hacken. Den Ingwer mit einem großen Messer (im Blitzhacker klumpt kandierter Ingwer gern) fein würfeln.

2. Die Butter in Stücke schneiden und mit dem Zucker, 1 Prise Salz, dem Kardamompulver und den Eiern schaumig rühren. Den Quark unterrühren, dann die Mandeln und den Ingwer nacheinander untermischen. Das Mehl und das Backpulver mit den Knethaken des Handrührgeräts unterkneten.

3. Den Teig in 3 Portionen teilen. Jede Portion mit Mehl bestäuben, aufs Backblech setzen und zu einem Stollen formen. Die Quarkstollen im Ofen auf der untersten Schiene etwa 50 Minuten backen. Stäbchenprobe machen: Bleibt kein Teig mehr kleben, ist der Stollen fertig.

4. Stollen aus dem Ofen nehmen und noch warm mit zerlassener Butter einpinseln. Dann mit Puderzucker bestäuben. Abkühlen lassen und in Folie verpackt an einem kühlen Ort lagern. Schmeckt lecker mit der Orangenmarmelade von Seite 57.

MIT MARZIPANFÜLLUNG

300 g Marzipan mit den Händen weich kneten, zu 3 Strängen rollen. In die Mitte jedes Stollenrohlings setzen und Teig darüberklappen.

MIT ZITRONAT & ORANGEAT

Zusätzlich oder anstelle der Mandeln und des kandierten Ingwers je 50 g gehacktes Zitronat und Orangeat unter den Quarkteig mischen.

MIT ROSINEN & MANDELSTIFTEN

Den kandierten Ingwer und die gehackten Mandeln weglassen, stattdessen je 100 g Rosinen und Mandelstifte unter den Quarkteig rühren.

ORANGEN MIT JOGHURT

Orangen sind im Winter herrlich saftig und mit Joghurt und Zimtnüssen eine leckere Alternative zum Obstsalat.

1 Den Rahmjoghurt mittig auf eine Platte setzen. Die Orangen so großzügig schälen, dass auch die weiße Haut mit entfernt wird. Die Filets zwischen den Trennhäuten herausschneiden, den Saft auffangen und den Rest der Orange gut ausdrücken. Die Filets im Ganzen oder in Stücke geschnitten rund um den Joghurt anrichten, den Saft über den Joghurt gießen.

2 Zucker und Zimtpulver vermischen. Die gehackten Mandeln in einer Pfanne ohne Fett anrösten. Den Zimtzucker darüberstreuen und die Mandeln unter Rühren karamellisieren. Die Mandeln über Joghurt und Orangenstücken verteilen.

ZUTATEN

FÜR 4 PERSONEN
400 g Rahmjoghurt
4 kleine Orangen
4 EL Zucker
1½ TL Zimtpulver
80 g gehackte Mandeln

ca. 20 Min.

BANANA-SMOOTHIE-BOWL

Die Mischung aus Smoothie und Müsli basiert immer auf pürierten Früchten, die mit unterschiedlichen Toppings gelöffelt werden.

1 Die Bananen schälen, mit Joghurt und Honig oder Dattelsirup zu einem Brei pürieren. Auf vier Schüsselchen verteilen.

2 Die Äpfel waschen, vierteln, entkernen und in kleine Würfel schneiden. Die Apfelwürfel, die gehackten Mandeln oder Walnüsse und die Haferflocken oder das Müsli als Topping auf dem Brei verteilen. Die Zutaten kommen dabei getrennt, also nebeneinander, auf den Brei.

ZUTATEN

FÜR 4 PERSONEN
4 Bananen
200 g Naturjoghurt
1–2 TL Honig oder Dattelsirup
2 Äpfel
4 EL gehackte Mandeln oder Walnüsse
4 EL Haferflocken oder Lieblingsmüsli

ca. 15 Min.

NUSS-NUGAT-AUFSTRICH

Besonders fein fürs Adventsfrühstück und so schnell gerührt! Schmeckt auch köstlich als Füllung für Crêpes und als Topping für Cupcakes.

1 Den Frischkäse in einer Schüssel gründlich mit der Nuss-Nugat-Creme und nach Belieben etwas Zimtpulver oder Lebkuchengewürz verrühren. Zuletzt die Schokoraspel unterheben.

2 Ein Einmachglas kochend heiß ausspülen und abtrocknen. Den Nuss-Nugat-Aufstrich einfüllen und gut verschließen. Er hält sich im Kühlschrank mehrere Tage.

ZUTATEN

FÜR 1 EINMACHGLAS
200 g Doppelrahmfrischkäse
3–4 EL Nuss-Nugat-Creme
Zimtpulver oder Lebkuchengewürz nach Belieben
4 EL Schokoraspel

ca. 5 Min.

APFEL-MANDEL-CREME

Selbst gemachte Frischkäsezubereitungen lassen sich nach eigenen Vorlieben würzen und schmecken einfach frischer als gekaufte!

1 Den Apfel schälen, vierteln und entkernen. Die Apfelviertel auf einer Reibe grob raspeln und in einer Schüssel gründlich mit dem Frischkäse vermischen.

2 Den Aufstrich mit Currypulver, Chilipulver und Salz abschmecken. Zuletzt die gehackten Mandeln in einer Pfanne ohne Fett anrösten, bis sie duften, und unter den Aufstrich mischen.

3 Ein Einmachglas kochend heiß ausspülen, den Aufstrich einfüllen und gut verschließen. Er hält sich im Kühlschrank 2 bis 3 Tage.

ZUTATEN

FÜR 1 EINMACHGLAS
1 Apfel
200 g Ziegenfrischkäse oder Doppelrahmfrischkäse
Currypulver
Chilipulver
Salz
2 EL gehackte Mandeln

ca. 10 Min.

SÜSSE MANDEL-CRÊPES

Ob zum Adventsfrühstück, zum Dessert oder nachmittags nach der Schneeballschlacht, ob süß oder herzhaft gefüllt: Crêpes schmecken immer.

1 Für den Teig Eier und Milch in einer Schüssel mit dem Schneebesen verquirlen. Mehl, 1 Prise Salz und 1 EL Zucker dazugeben und alles zu einem glatten Teig verrühren. 5 Minuten quellen lassen.

2 Inzwischen den restlichen Zucker mit dem Zimtpulver mischen. Die gehackten Mandeln in einer Pfanne ohne Fett rösten, bis sie duften. Gleichmäßig mit dem Zimtzucker bestreuen und unter Rühren kurz karamellisieren. Beiseitestellen.

3 Butterschmalz in zwei Pfannen erhitzen und nacheinander aus dem Teig dünne Crêpes backen. Die fertigen Crêpes im auf 50 °C vorgeheizten Ofen warm halten.

4 Die Crêpes vor dem Servieren mit den gerösteten Mandeln bestreuen und jeweils zweimal zur Mitte und damit zu Dreiecken falten. Je 3 Dreiecke versetzt übereinanderlegen, sodass ein Tannenbaum entsteht. Mit Schokoladensauce geschwungene Linien über die Crêpes laufen lassen und nach Belieben mit gehackten Mandeln oder Pistazien verzieren.

ZUTATEN

FÜR CA. 8 CRÊPES:
4 Eier
½ l Milch
200 g Mehl
Salz
2 EL Zucker
½ TL Zimtpulver
100 g gehackte Mandeln
Butterschmalz zum Ausbacken
Schokoladensauce (Flasche oder Tube)

AUSSERDEM:
gehackte Mandeln oder Pistazien zum Verzieren (nach Belieben)

ca. 30 Min.

MIT SCHOKO & BANANE

Bestreuen Sie die fertigen Crêpes statt mit Mandeln mit je 1 EL Raspelschokolade und belegen Sie jeweils eine Teighälfte (damit die Crêpes nicht zu dick werden) mit dünnen Bananenscheiben. Zusammenfalten und wie beschrieben verzieren.

MIT TOMATE & FRISCHKÄSE

1 kleine, feste Tomate mit 150 g Doppelrahmfrischkäse pürieren, mit Salz, Pfeffer und Kräutern würzen. Teig ohne Zucker zubereiten, Crêpes mit der Tomatencreme bestreichen, zusammenfalten und mit Crema di Balsamico verzieren.

MIT CHRISTBAUMSPITZE

Setzen Sie oben auf jeden Crêpe-Tannenbaum noch einen Stern als Spitze: Bei süßen Crêpes einen ausgestochenen Marzipanstern oder eine Praline in Sternform, bei herzhaften Crêpes einen ausgestochenen Stern aus einer dicken Scheibe Käse.

GANZ EASY

HERZHAFTE KÄSE-LAUCH-QUICHE

Nach einem Bummel über den Weihnachtsmarkt, nach Schneemannbauen oder Schlittenfahren muss es einfach etwas Warmes und Herzhaftes sein.

1 Den Backofen auf 200 °C vorheizen. Ein Backblech mit Backpapier belegen. Den Blätterteig auseinanderrollen und darauflegen. Leicht salzen.

2 Den Lauch putzen, in Ringe schneiden, waschen und im Öl bei mittlerer Hitze etwa 5 Minuten andünsten.

3 Die Eier mit der Crème fraîche verquirlen. Den Gorgonzola in Würfel schneiden und unterheben. Die Masse mit dem Lauch vermischen, mit Salz, Pfeffer und 1 Prise Muskatnuss würzen. Den Belag gleichmäßig auf dem Teig verteilen und im Ofen auf der mittleren Schiene etwa 35 Minuten backen.

mmh!

ZUTATEN

FÜR 4 GROSSE ODER 8 KLEINE STÜCKE

1 Packung frischer Blätterteig (ca. 300 g; Kühlregal)
Salz
3 Stangen Lauch
1 EL Öl
3 Eier
100 g Crème fraîche
200 g Gorgonzola cremoso
Pfeffer aus der Mühle
frisch geriebene Muskatnuss

ca. 30 Min.
+ ca. 35 Min. Backzeit

MIT ZWIEBELN

Lauch weglassen, dafür 4 weiße Gemüsezwiebeln schälen, in Würfel schneiden und im Öl glasig dünsten. Wie beschrieben weiterverarbeiten.

MIT RÄUCHERSPECK

100 g geräucherten Frühstücksspeck (Bacon) klein schneiden und zuletzt gleichmäßig auf dem Belag verteilen.

MIT WALNÜSSEN

100 g Walnusskerne zwischen mit den Fingern grob zerbröseln und vor dem Backen gleichmäßig auf dem Belag verteilen.

ZWIEBEL-WALNUSS-TÖRTCHEN

Passt gut zum Adventsbrunch oder wenn Sie mit Freunden den Nikolausabend feiern!

1 Den Backofen auf 200 °C vorheizen. Die Mulden des Muffinblechs kalt ausspülen.

2 Den Blätterteig in 12 Quadrate mit etwa 8½ cm Größe schneiden. Ist die Teigplatte dafür zu klein, den Teig noch etwas ausrollen. Die Teigquadrate in die Mulden des Muffinblechs setzen, mit einer Gabel mehrmals einstechen, leicht salzen und pfeffern.

3 Die Zwiebeln schälen und in kleine Würfel schneiden. Im Öl 1 bis 2 Minuten andünsten, Honig und Balsamico dazugeben, kurz einköcheln lassen und die Zwiebeln mit Salz und Pfeffer würzen.

4 Die Zwiebeln auf dem Teig verteilen, den Käse in Scheiben schneiden und auf die Zwiebeln setzen. Die Walnüsse mit den Fingern grob zerbröseln und die Törtchen damit bestreuen. Im Ofen auf der mittleren Schiene etwa 20 Minuten backen.

ZUTATEN

FÜR 12 STÜCK (1 MUFFINBLECH MIT 12 MULDEN)

1 Packung frischer Blätterteig (ca. 300 g; Kühlregal)
Salz • Pfeffer aus der Mühle
2 rote Zwiebeln
1 EL Öl
2 EL Honig
2 EL Aceto balsamico
200 g Ziegenkäse
40 g Walnusskerne

ca. 25 Min.
+ ca. 20 Min. Backzeit

MIT RICOTTA & SPINAT

200 g TK-Spinat auftauen und mit 250 g Ricotta, 2 EL geriebenem Parmesan und 1 Eigelb vermischen. Mit Salz und 1 Prise Muskatnuss würzen. Die Masse auf dem Blätterteig verteilen und wie beschrieben backen.

MIT LACHS & LAUCH

1 Stange Lauch putzen, waschen und in Ringe schneiden. In 1 EL Öl andünsten. 100 g Crème fraîche und 300 g Lachsfilet (in Würfeln) unterrühren. Mit Salz und Pfeffer würzen. Auf dem Blätterteig verteilen und wie beschrieben backen.

MIT TOMATE & FETA

300 g Feta würfeln, 300 g Cocktailtomaten waschen und halbieren. Lieblingskräuter (z. B. Basilikum, Schnittlauch oder Thymian) fein hacken. Alles auf dem Blätterteig verteilen. Mit Pfeffer würzen. Blätterteig wie beschrieben backen.

WEIHNACHTS-LATTE

LATTE MACCHIATO MIT SCHOKOLIKÖR, KARDAMOM UND ZIMT – HIMMLISCH!

GLÖGG

ROSINEN UND MANDELN ZUM RAUSLÖFFELN SIND DAS BESONDERE AM GLÖGG

KINDERPUNSCH
FRUCHTIGER PUNSCH, DEN MAN FÜR ERWACHSENE MIT WEISSWEIN STATT TEE ZUBEREITEN KANN
GEWÜRZ-SCHOKOLADE
FÜR KINDER PERFEKT MIT VOLLMILCH-, FÜR ERWACHSENE LECKER MIT ZARTBITTERSCHOKOLADE

WEIHNACHTS-LATTE

1 Die Milch mit dem Schokoladenlikör erhitzen und im Milchaufschäumer, mit dem Aufschäumstab der Espressomaschine oder mit einem manuellen Aufschäumer aufschäumen. Je 1 Messerspitze Kardamom- und Zimtpulver unterrühren.

2 Die Milch in ein vorgewärmtes Latte-macchiato-Glas füllen. Den heißen Espresso in die Milch schütten. Nach Belieben süßen und mit Kardamom- oder Zimtpulver bestreuen.

ZUTATEN

FÜR 1 GLAS
100 ml Milch
4 cl Schokoladenlikör
Kardamompulver
Zimtpulver
1 Tässchen frisch zubereiteter Espresso

ca. 5 Min.

GLÖGG

1 Rotwein und Rum in einen Topf füllen. Ingwer schälen, in Scheiben schneiden und mit den Nelken und der Zimtstange in einen Einwegteebeutel stecken und den Beutel verschließen.

2 Mit Zucker, Rosinen und Mandelstiften zur Weinmischung geben und alles unter Rühren erhitzen, aber nicht kochen lassen. Den Glögg vom Herd nehmen und mindestens 4 Stunden oder über Nacht zugedeckt ziehen lassen. Den Gewürzbeutel entfernen, den Glögg erhitzen und in hitzebeständige Gläser füllen.

Tipp:

Für Kinder statt Rotwein und Rum Früchtetee oder eine Mischung aus Tee und rotem Fruchtsaft verwenden. Die Gewürze dann eher sparsam dosieren.

ZUTATEN

FÜR 6 GLÄSER
1 l Rotwein
2–4 cl Rum
10 g Ingwer
6 Gewürznelken
1 Zimtstange
2–3 EL Zucker
60 g Rosinen
60 g Mandelstifte

ca. 15 Min.
+ ca. 4 Std. Ziehzeit

KINDERPUNSCH

1 Den Tee mit dem Apfelsaft, dem Orangensaft und der Zimtstange in einem Topf erhitzen. 5 Minuten ziehen lassen.

2 Die Zimtstange herausfischen und den Punsch nach Belieben noch mit etwas Honig süßen.

ZUTATEN

FÜR 4 GLÄSER
300 ml schwacher schwarzer Tee
200 ml Apfelsaft
300 ml Blutorangen- oder Orangensaft (möglichst frisch gepresst)
1 Zimtstange
Honig (nach Belieben)

ca. 15 Min.

GEWÜRZSCHOKOLADE

1 Die Sahne steif schlagen. Die Milch in einem Topf erhitzen. Die Schokolade grob hacken und in die Milch rühren. Den Topf vom Herd nehmen. Die Schokolade unter Rühren schmelzen lassen.

2 Die heiße Schokolade mit Vanille, Zimt, Kardamom und Nelkenpulver würzen. Alles mit dem Schneebesen gut verrühren und die Trinkschokolade auf vier Tassen verteilen. Je 1 Sahnehäubchen daraufsetzen und Schokoraspel daraufstreuen.

ZUTATEN

FÜR 4 TASSEN
100 g Sahne
½ l Milch
100 g Vollmilch- oder Zartbitterschokolade
gemahlene Vanille
Zimtpulver
Kardamompulver
1 Msp. Nelkenpulver
geraspelte Schokolade zum Bestreuen

ca. 10 Min.

2.5ml

KAPITEL 2

LIEBLINGS PLÄTZCHEN

Weihnachten ohne selbst gemachte Plätzchen? Geht gar nicht! Ein Backnachmittag gehört zum Pflichtprogramm, der Rest ist Kür. Vielleicht legen Sie dieses Jahr den Backtag bereits in den November? Dann können Sie sich schon am 1. Advent auf selbst gemachte Plätzchen freuen! Zudem schmecken viele Plätzchensorten sowieso erst richtig lecker, wenn sie eine Zeitlang durchgezogen sind. Verstauen Sie das Gebäck aber an einem sicheren Ort, denn kleine Naschkatzen können oft nicht auf das volle Plätzchenaroma warten.

BACKEN ALS EVENT

Zusammen mit Kindern zu backen, macht Spaß und fördert den Zusammenhalt. Wenn Sie nicht gerade passionierter Hobbybäcker sind, planen Sie fürs Weihnachtsbacken am besten einen festen Tag ein, aber nehmen Sie sich nicht zu viel vor. Vor allem wenn die Kinder jünger und noch nicht so ausdauernd sind, ist es besser, nur ein, zwei Gebäcksorten zu backen. Schließlich soll es dabei gemütlich und zwanglos zugehen. Ich persönlich empfehle, mit kleinen Kindern zwei Nachmittage einzuplanen. An einem wird gebacken, am anderen werden die Plätzchen verziert.

TIPPS FÜR DIE WEIHNACHTSBÄCKEREI MIT KINDERN

GANZ FIX

Bei langen Wartezeiten vergeht den Kindern oft die Lust. Bereiten Sie deshalb Plätzchenteige, die gekühlt werden müssen, schon vorher zu, damit sie sich gleich ausrollen und ausstechen lassen.

EASY ROLLING

Wer beim Backen mit Kindern den Teig auf Mehl ausrollt, hat bald nur noch einen harten, bröseligen Brocken. Besser ist es, den Teig in kleinen Portionen zwischen zwei Lagen Frischhaltefolie oder Backpapier auszurollen. Teigreste zwischendurch immer wieder kühlen, damit sie nicht zu klebrig werden.

+ KÜHLEN! +

WENIGER IST MEHR

Entscheiden Sie sich am besten für ein bis zwei Sorten Plätzchen nach einem bewährten Rezept. Achten Sie darauf, dass eine Sorte zum Ausstechen dabei ist, denn Kinder lieben es, mit den hübschen Förmchen zu hantieren.

STREUSELPARADE

Stellen Sie Zuckerguss, Perlen, Streusel & Co. zum Verzieren der Plätzchen in kleinen Schälchen auf die Arbeitsfläche. Das ist übersichtlicher und leichter zu handhaben. Bei mehreren Kindern bekommt jedes seine eigenen Schälchen.

+ Zuckerguss kann man fertig kaufen oder leicht aus Puderzucker und Zitronensaft oder Wasser selbst anrühren: Auf 250 g Zucker kommen etwa 7 EL Flüssigkeit. Ein paar Tropfen Lebensmittelfarbe bringen bunte Abwechslung.

Das Geheimnis des Weihnachtsdufts

Es sind exotische Gewürzdüfte aus fernen Ländern, durch die wir uns in der Adventszeit ganz heimelig fühlen. Forscher haben herausgefunden, dass sich Düfte viel stärker im Gehirn einprägen als andere Erinnerungen. Nicht zuletzt deshalb werden beim Backen oft Kindheitserinnerungen wach.

Die aromatischen Gewürze wurden früher über die Gewürzstraßen zu uns gebracht und waren kostbares Gut, das man nur in kleinen Mengen zu besonderen Anlässen verwendete. So zum Beispiel für den Pfefferkuchen, der seinen Namen daher hat, dass früher alle exotischen Gewürze Pfeffer genannt wurden.

Den Ruf des Besonderen haben Gewürze bis heute nicht verloren. Vielen wird seit jeher eine Heilwirkung zugeschrieben:

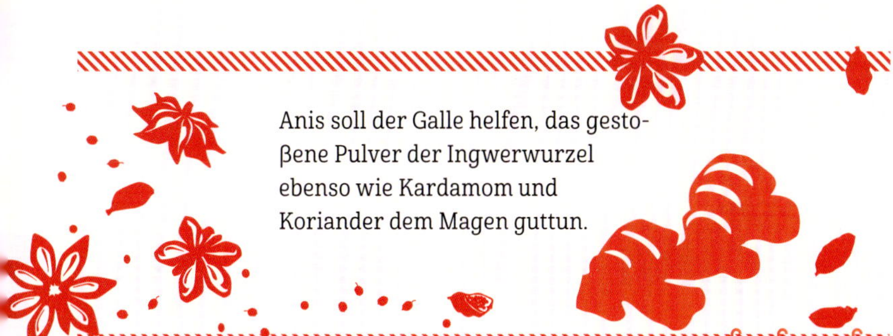

Anis soll der Galle helfen, das gestoßene Pulver der Ingwerwurzel ebenso wie Kardamom und Koriander dem Magen guttun.

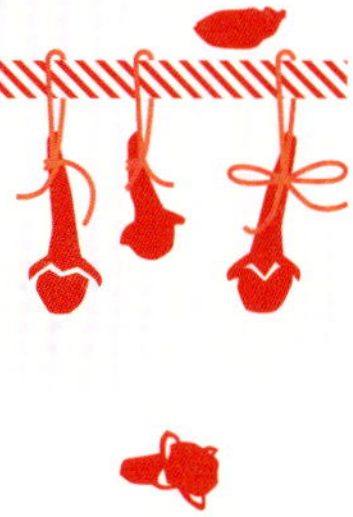

Nelken sagt man eine keimabtötende, Zimt eine krampflösende Wirkung nach.

Vanille ist vermutlich für die Weihnachtsstimmung zuständig, sie soll aphrodisierend wirken und die Glücksbotenstoffe in Schwung bringen.

+ AUFBEWAHREN

Bewahren Sie Weihnachtsplätzchen immer nach Sorten getrennt in gut schließenden Dosen auf. Nur so behalten sie ihre Konsistenz und ihr köstliches Gewürzaroma.

GEWÜRZE SELBST GEMACHT

In kleine Gläschen oder Tütchen verpackt, sind selbst gemischte Gewürze ein nettes Mitbringsel. Hier zwei fixe Mischungen:

LEBKUCHENGEWÜRZ:

1 gehäufter TL Zimtpulver,
1 TL abgeriebene Orangenschale,
¼ TL Nelkenpulver,
¼ TL gemahlene Muskatblüte,
1 Msp. Ingwerpulver,
1 Msp. gemahlener Kardamom

SPEKULATIUS-GEWÜRZ:

2 ½ TL Zimtpulver,
½ TL geriebene Muskatnuss,
½ TL abgeriebene Bio-Zitronenschale, ¼ TL Nelkenpulver,
1 Msp. Anis,
1 Msp. gemahlener Kardamom

SCHWARZ-WEISS-ROLLEN

AUSROLLEN, AUFROLLEN, ABSCHNEIDEN – FIX UND FERTIG OHNE AUSSTECHEN

SCHOKO-DOPPELDECKER

LECKER GEFÜLLT MIT WEIHNACHTLICH GEWÜRZTER NUSS-NUGAT-CREME

INGWER-STERNE

ES LOHNT SICH IMMER, NACH DEN STERNEN ZU GREIFEN

+ EIN TEIG – VIER KEKSE

RENTIER-COOKIES

KNUSPRIGE HASELNUSSPLÄTZCHEN FÜR RUDOLPH-RENTIER-FANS

SCHWARZ-WEISS-ROLLEN

1 Mehl mit Zucker, Butter, 1 Prise Salz und Vanillearoma zu einem geschmeidigen Teig verkneten. Die Hälfte des Teigs in Folie wickeln. Das Kakaopulver und 1 EL Wasser unter den restlichen Teig kneten. Ebenfalls in Folie wickeln. Beide Teige etwa 45 Minuten in den Kühlschrank legen.

2 Den Backofen auf 180 °C vorheizen. Beide Teige getrennt zwischen zwei Lagen Backpapier etwa 18 × 30 cm groß ausrollen.

3 Den hellen Teig auf den dunklen legen, dann von der langen Seite her aufrollen und die Rolle in etwa 1 cm dicke Scheiben schneiden. Die Scheiben auf ein mit Backpapier belegtes Backblech legen und im Ofen auf der mittleren Schiene 13 bis 15 Minuten backen.

ZUTATEN

FÜR CA. 30 STÜCK
350 g Mehl
90 g Zucker
200 g weiche Butter
Salz
1 Röhrchen Vanillearoma
2 EL ungezuckertes Kakaopulver

ca. 30 Min.
+ ca. 45 Min. Kühlzeit
+ 13–15 Min. Backzeit

SCHOKO-DOPPELDECKER

1 Mehl mit Zucker, Butter und 1 Prise Salz verkneten. In Folie wickeln und etwa 45 Minuten in den Kühlschrank legen.

2 Den Backofen auf 180 °C vorheizen. Den Teig zwischen zwei Lagen Backpapier ausrollen und mit Plätzchenausstechern verschiedene Formen ausstechen. Auf ein mit Backpapier belegtes Backblech legen und im Ofen auf der mittleren Schiene etwa 12 Minuten backen. Abkühlen lassen.

3 Die Kuvertüre hacken und in einer Metallschüssel über dem heißen Wasserbad unter Rühren schmelzen. Die Sahne erhitzen, Spekulatiusgewürz und Nuss-Nugat-Creme unterrühren. Die Hälfte der Plätzchen damit bestreichen, übrige Plätzchen daraufsetzen. Die Plätzchen zur Hälfte in die Kuvertüre tauchen. Nach Belieben mit Streuseln oder gehackten Mandeln bestreuen.

ZUTATEN

FÜR CA. 30 STÜCK
350 g Mehl • 90 g Zucker
200 g weiche Butter
Salz • 200 g Kuvertüre
2 EL Sahne
½ TL Spekulatiusgewürz
70 g Nuss-Nugat-Creme
Zuckerstreusel oder gehackte Mandeln (nach Belieben)

ca. 50 Min.
+ ca. 45 Min. Kühlzeit
+ ca. 12 Min. Backzeit

INGWER-STERNE

1 Mehl, Zucker, Butter, 1 Prise Salz, Ingwerpulver und Zitronenschale zu einem geschmeidigen Teig verkneten. Zu einer Platte formen, in Folie wickeln und 1 Stunde in den Kühlschrank legen.

2 Den Backofen auf 180 °C vorheizen. Den Teig zwischen zwei Lagen Backpapier ausrollen und daraus Sterne ausstechen. Auf ein mit Backpapier belegtes Backblech legen und im Ofen auf der mittleren Schiene etwa 12 Minuten backen. Abkühlen lassen.

3 Die Kuvertüre hacken und in einer Metallschüssel über dem heißen Wasserbad unter Rühren schmelzen. Die Hälfte der Plätzchen mit Konfitüre bestreichen, übrige Plätzchen daraufsetzen. Die Kuvertüre in einen Gefrierbeutel füllen und von einer Ecke eine winzige Spitze abschneiden. Schokoladenlinien über die Plätzchen laufen lassen und gehackte Pistazien darüberstreuen.

ZUTATEN

FÜR CA. 50 STÜCK
350 g Mehl • 90 g Zucker
200 g weiche Butter
Salz
1–2 TL Ingwerpulver
1 TL abgeriebene Schale von
1 Bio-Zitrone
150 g weiße Kuvertüre
Lieblingskonfitüre zum Füllen
25 g gehackte Pistazien

ca. 55 Min.
+ ca. 1 Std. Kühlzeit
+ ca. 12 Min. Backzeit

RENTIER-COOKIES

1 Mehl mit Zucker, Butter, 1 Prise Salz und Haselnüssen zu einem geschmeidigen Teig verkneten. In Folie wickeln und etwa 45 Minuten in den Kühlschrank legen.

2 Den Backofen auf 180 °C vorheizen. Den Teig zwischen zwei Lagen Backpapier ausrollen und daraus runde Plätzchen ausstechen. Auf ein mit Backpapier belegtes Backblech legen und im Ofen auf der mittleren Schiene etwa 12 Minuten backen. Abkühlen lassen.

3 Die Kuvertüre hacken und in einer Metallschüssel über dem heißen Wasserbad unter Rühren schmelzen. In einen Gefrierbeutel füllen und von einer Ecke eine winzige Spitze abschneiden. Auf jedes Plätzchen Augen, Mund und Geweih aufmalen. In die Mitte mit etwas Kuvertüre je 1 Mini-Schokolinse als Nase kleben.

ZUTATEN

FÜR CA. 80 STÜCK
350 g Mehl
90 g Zucker
200 g weiche Butter
Salz
100 g gemahlene Haselnüsse
100 g Zartbitterkuvertüre
ca. 80 rote Mini-Schokolinsen

ca. 50 Min.
+ ca. 45 Min. Kühlzeit
+ ca. 12 Min. Backzeit

PFEFFERKUCHEN-PULLIS

Entwerfen Sie Ihre eigene Winterpulli-Kollektion. Der Teig ist in 10 Minuten gerührt, nur das Verzieren braucht etwas Geduld, macht aber Spaß. Und: Solche Plätzchen gibt es garantiert nirgends zu kaufen!

ZUTATEN

FÜR CA. 50 STÜCK
120 g Zucker
150 g Rübensirup
2 TL Zimtpulver
1½ TL Ingwerpulver
1 TL Nelkenpulver
½ TL Kardamompulver
200 g Butter
1 Ei
500 g Mehl
150 g weiße Kuvertüre

ca. 60 Min.
+ ca. 12 Std. Kühlzeit
+ 8–10 Min. Backzeit

1 Für den Teig Zucker und Rübensirup in einem Topf unter Rühren erhitzen. Zimt-, Ingwer-, Nelken- und Kardamompulver untermischen, dann die Butter unterrühren.

2 Die Mischung in eine Rührschüssel füllen. Das Ei untermischen. Dann das Mehl gründlich unterrühren. Den Teig zugedeckt über Nacht im Kühlschrank ruhen lassen.

3 Am nächsten Tag den Teig mindestens 30 Minuten vor dem Verarbeiten aus dem Kühlschrank nehmen. Den Backofen auf 170 °C vorheizen. Den Teig zwischen zwei Lagen Backpapier ausrollen und entweder mit Plätzchenformen ausstechen oder eine Pulli-Schablone ausschneiden (siehe Tipp), die Schablone auf den Teig legen und den Teig rundherum mit einem spitzen Messer ausschneiden. Die Pullis auf ein mit Backpapier belegtes Backblech legen und auf der mittleren Schiene 8 bis 10 Minuten backen. Abkühlen lassen.

4 Die Kuvertüre hacken und in einer Metallschüssel über dem heißen Wasserbad unter Rühren schmelzen. Darauf achten, dass die Kuvertüre nicht zu heiß wird, damit sie nicht klumpt. Leicht abgekühlt, aber noch warm, in einen kleinen Gefrierbeutel füllen und von einer Ecke eine winzige Spitze abschneiden. Mit diesem Spritzbeutel die Pullis mit Schokoladenmuster verzieren: Zickzacklinien, Punkte, Schneeflocken, Schriftzüge - ganz nach Geschmack.

Pullover-Ausstechformen gibt es im Internet zu bestellen, Sie können aber auch einfach eine Pulli-Schablone aus Papier dafür ausschneiden. Die Vorlage finden Sie als Download auf der ZS-Homepage. Infos dazu auf Seite 88.

Zum Aufhängen:

Die Pullis sind auch lustig als Baumbehang oder Geschenkanhänger. Dann müssen Sie die rohen Plätzchen vor dem Backen noch mit einem kleinen Loch für das Geschenkband versehen.

MACADAMIA-KIPFERL

Macadamianusskerne bekommt man im Supermarkt oft nur gesalzen. Ich persönlich mag die Salznote im Gebäck. Sind Sie nicht sicher, ob Ihnen das schmeckt, bekommen Sie ungesalzene Macadamias im Internet und häufig auch im Bioladen.

1 Die Macadamianüsse im Blitzhacker fein mahlen. Das Mehl mit dem Zucker und den gemahlenen Nüssen in einer Schüssel mischen. Die weiche Butter würfeln und mit den Eigelben dazugeben. Alles zu einem geschmeidigen Teig kneten und etwa 30 Minuten in den Kühlschrank legen.

2 Den Backofen auf 180 °C vorheizen. Ein Backblech mit Backpapier belegen. Vom Teig kleine Stückchen abzupfen und zwischen den Handflächen zu kleinen, spitz zulaufenden Röllchen drehen. Jedes Röllchen zu einem Hörnchen biegen und auf das Backblech setzen. Achten Sie darauf, dass die Kipferl schön klein und dünn sind, denn sie gehen beim Backen auseinander. Im Ofen auf der mittleren Schiene 10 bis 12 Minuten backen.

ZUTATEN

FÜR CA. 80 STÜCK
125 g Macadamianusskerne (nach Geschmack gesalzen oder ungesalzen)
250 g Mehl
80 g Zucker
200 g weiche Butter
2 Eigelb

ca. 30 Min.
+ ca. 30 Min. Kühlzeit
+ 10–12 Min. Backzeit

lecker!

MIT KERNEN

Statt mit Macadamianüssen schmecken die Kipferl auch mit gemahlenen Mandeln oder Cashewkernen sehr lecker.

MIT SCHOKOECKEN

Tauchen Sie die Enden der Kipferl in geschmolzene weiße Kuvertüre und streuen Sie gehackte Pistazien darüber.

MIT ZUCKERTOPPING

Wälzen Sie die noch warmen Kipferl vorsichtig in einer Mischung aus Puderzucker und Vanillezucker.

SPEKULATIUS

Typischerweise werden Spekulatius mit speziellen Holzmodeln hergestellt. Viel einfacher geht es, wenn man den Teig in Rechtecke schneidet. Denn auch in simpler Form schmecken Spekulatius unwiderstehlich gut.

1 Das Mehl mit den gemahlenen Mandeln in eine Schüssel füllen. Die weiche Butter würfeln und mit dem Rohrzucker, dem Dattelsirup, dem Spekulatiusgewürz, dem Zimtpulver, dem Bittermandelaroma und 1 Prise Salz hinzufügen.

2 Alles mit den Knethaken des Handrührgeräts zu einem glatten Teig verkneten. Den Teig zu einer dicken Platte formen und etwa 30 Minuten in den Kühlschrank legen, damit er sich leichter ausrollen lässt.

3 Den Backofen auf 180 °C vorheizen. Ein Backblech mit Backpapier belegen. Mandelblättchen auf die Arbeitsfläche schütten. Den Teig leicht bemehlen und auf den Mandeln dünn ausrollen. Die Mandeln drücken sich dabei in den Teig.

4 Den Teig in etwa 5 × 4 cm große Rechtecke schneiden und aufs Backblech legen. Im Ofen auf der mittleren Schiene etwa 10 Minuten backen.

Tipps:

Es lohnt sich, Mandeln oder Nüsse frisch zu mahlen. Sie sind dann saftiger. Ein Unterschied, den man schmeckt!

Statt Rohrzucker und Dattelsirup können Sie auch eine Mischung aus 50 g Zucker und 50 g Dattel- oder Rübensirup verwenden.

ZUTATEN

FÜR CA. 50 STÜCK

250 g Mehl
100 g gemahlene Mandeln
150 g weiche Butter
80 g Rohrzucker
1 EL Dattelsirup
3 TL Spekulatiusgewürz
1 TL Zimtpulver
4–5 Tropfen Bittermandelaroma
Salz
Mandelblättchen und Mehl zum Ausrollen

ca. 35 Min.
+ ca. 30 Min. Kühlzeit
+ ca. 10 Min. Backzeit

Spekulatiusgewürz können Sie auch ganz einfach selbst mischen. Welche Zutaten Sie dafür brauchen, steht auf Seite 29.

…ADVENTSKALENDER…

DAFÜR BRAUCHT MAN:

- SCHERE
- KREISSTANZER & 24 PAPPBECHER (VERSCHIEDENE GRÖßEN)
- PAPIERE (UNI ODER BEDRUCKT)
- STEMPELZAHLEN
- STEMPELKISSEN SCHWARZ & SILBER
- KLEBER
- BLEISTIFT MIT RADIERGUMMIENDE
- FOTOKARTON GRAU
- MASKING TAPE
- POMPONMAKER
- WEIßE WOLLE

① MIT SCHERE ODER STANZERN 24 VERSCHIEDEN GROßE …KREISE AUS DEN PAPIEREN AUSSCHNEIDEN, MIT ZAHLEN BESTEMPELN & AUF DIE BECHER KLEBEN. MIT DEM RADIERGUMMI SILBERNE STEMPELFARBE AUF EINIGE BECHER TUPFEN.

② BECHER MIT DEN GESCHENKEN FÜLLEN, FOTOKARTON IN DECKELGRÖßEN ZUSCHNEIDEN & MIT MASKING TAPE AUF DIE BECHER KLEBEN.

③ MIT DEM POMPONMAKER NACH GEBRAUCHSANLEITUNG POMPONS AUS DER WOLLE HERSTELLEN & AUF EINIGE BECHER KLEBEN.

22
18
23
11
10
12
1
9
No. 7
No. 17
6
15
5
13
No. 24
No. 2
21
8
4
20
14
3

KINDER-
LIEBLING

MANDELTALER

In Stücke geschnittene Mini-Schokoriegel geben den Plätzchen einen besonderen Pfiff. Verwenden Sie als Deko auch mal Mini-Pralinen!

1 Für den Teig das Mehl mit den gemahlenen Mandeln, dem Zucker, dem Vanillezucker, der Orangenschale und 1 Prise Salz in eine Rührschüssel füllen. Die Butter grob würfeln und mit den Eigelben dazugeben. Alles zu einem glatten Teig verkneten. Den Teig zu 2 Rollen mit etwa 4 cm Durchmesser formen. Die Teigrollen in Folie wickeln und etwa 30 Minuten kühl stellen.

2 Den Backofen auf 180 °C vorheizen. Ein Backblech mit Backpapier belegen. Die Mandelblättchen gleichmäßig auf ein Küchenbrett schütten und die Teigrollen darin wälzen, sodass die Ränder rundherum von Mandelblättchen umhüllt sind. Die Rollen in etwa fingerdicke Taler schneiden und nebeneinander auf das Backblech legen. Im Ofen auf der mittleren Schiene etwa 12 Minuten backen. Abkühlen lassen.

3 Inzwischen die Kuvertüre hacken und in einer Metallschüssel über dem heißen Wasserbad unter Rühren schmelzen. Darauf achten, dass die Kuvertüre nicht zu heiß wird.

4 Die Mini-Schokoriegel in dünne Scheiben schneiden. Das geht am besten, wenn man die Messerklinge vorher mit heißem Wasser anwärmt. Je 1 bis 2 Stücke Schokoriegel mit etwas Kuvertüre auf die Plätzchen „kleben". Dann die übrige Kuvertüre mithilfe eines Teelöffels in feinen Linien über jedes Plätzchen laufen lassen.

Variation:

Immer wieder anders schmecken die Taler, wenn man die Mandeln ersetzt: Fein aromatisch werden sie mit gemahlenen Cashewkernen und etwas abgeriebener Bio-Zitronen- oder Bio-Orangenschale, etwas kräftiger und nussiger mit gemahlenen Walnüssen und einem Löffelchen Zimt- oder Kardamompulver.

ZUTATEN

FÜR CA. 30 STÜCK
250 g Mehl
100 g gemahlene Mandeln
80 g Zucker
1 Päckchen Vanillezucker
etwas abgeriebene Bio-Orangenschale
Salz
200 g weiche Butter
2 Eigelb
ca. 50 g Mandelblättchen
100 g Vollmilch- oder Zartbitterkuvertüre
4–5 Mini-Schokoriegel

ca. 40 Min.
+ ca. 30 Min. Kühlzeit
+ ca. 12 Min. Backzeit

Kerniger werden die Plätzchen, wenn Sie noch 50 g gehackte Mandeln unter den Teig kneten.

SCHNEEHÄUFCHEN

Diese Plätzchen sind so mürbe, dass sie - fast wie Schneeflocken - ganz sanft auf der Zunge zergehen.

1 Den Backofen auf 170 °C vorheizen. Ein Backblech mit Backpapier belegen. Das Mehl und die Speisestärke in eine Schüssel füllen. Die weiche Butter würfeln und mit dem Puderzucker, 1 Prise Salz und dem Anispulver hinzufügen.

2 Alle Zutaten zu einem glatten Teig verkneten. Den Teig zu mehreren, etwa 3 cm dicken Rollen formen. Von den Rollen etwa 1 cm dicke Stücke abschneiden und die Stücke zwischen den Händen zu Kugeln formen. Die Teigkugeln auf das Backblech setzen, dabei etwas Abstand lassen, denn der Teig läuft beim Backen auseinander.

3 Die Teigkugeln im Ofen auf der mittleren Schiene 13 bis 15 Minuten backen. Noch leicht warm mit Puderzucker und abgeriebener Orangenschale bestreuen.

Zum Verschenken:

Packen Sie die Plätzchen zum Verschenken in Zellophantütchen und stecken Sie die Tüten in ausgewaschene Weißblechdosen. Die Dosen lassen sich nach Herzenslust verzieren: mit Bändern oder Schleifen, mit Aufklebern oder - wie auf dem Foto - mit Banderolen mit ausgestanzten Weihnachtsmotiven.

ZUTATEN

FÜR CA. 50 STÜCK
175 g Mehl
175 g Speisestärke
250 g weiche Butter
80 g Puderzucker
Salz
1 TL Anispulver
Puderzucker und etwas abgeriebene Bio-Orangenschale zum Bestreuen

ca. 25 Min.
+ 13–15 Min. Backzeit

Wen es nicht stört, wenn Form und Größe der Plätzchen nicht einheitlich sind, der kann sich vom Teig kleine Stückchen abzupfen und die dann gleich zwischen den Handflächen zu Kugeln formen.

GANZ FIX

BRUTTI E BUONI AL CIOCCOLATO –
FRESCO E ASCIUTTO – BRUTTI E
PRODOTTO IN ITALIA DA: –

ENGELSAUGEN

Allein des Namens wegen schön zum Verschenken. Die Plätzchen schmecken aber auch wirklich himmlisch!

ZUTATEN

FÜR CA. 30 STÜCK
100 g Cashewkerne
120 g Mehl
40 g Puderzucker
2 Eigelb
80 g weiche Butter
ca. 2–3 EL Lemon Curd oder Lieblingskonfitüre für die Füllung
Puderzucker zum Bestäuben

ca. 30 Min.
+ ca. 30 Min. Kühlzeit
+ 13–15 Min. Backzeit

1 Die Cashewkerne im Blitzhacker fein mahlen. Mit dem Mehl, dem Puderzucker und den Eigelben in eine Schüssel füllen. Die weiche Butter würfeln, dazugeben und alles zu einem glatten Teig verkneten. Den Teig etwa 30 Minuten kühl stellen.

2 Den Backofen auf 180 °C vorheizen. Ein Backblech mit Backpapier belegen. Vom Teig Stückchen abzupfen, die Stückchen zwischen den Handflächen zu walnussgroßen Kugeln formen. Die Kugeln aufs Backblech setzen, in die Mitte mit dem Finger je eine Mulde drücken, dann jedes Plätzchen an zwei Enden etwas spitz zusammendrücken, damit die Plätzchen wie Augen aussehen. Die Engelsaugen im Ofen auf der mittleren Schiene 13 bis 15 Minuten backen.

3 Die Vertiefungen der noch warmen Plätzchen mit Lemon Curd oder Lieblingskonfitüre füllen, etwas antrocknen lassen und die Engelsaugen mit Puderzucker bestäuben.

Fruchtig-frische Füllung:

Besonders lecker schmecken die Plätzchen mit selbst gemachter Füllung. Zum Beispiel mit der Orangenmarmelade von Seite 57. Oder wie wär's mit einem schnellen Apfel-Zimt-Gelee? Dafür 800 ml naturtrüben Apfelsaft mit 100 ml frisch gepresstem Zitronensaft, 500 g Gelierzucker (2:1) und 1 EL Zimtpulver aufkochen und 5 Minuten sprudelnd kochen lassen - fertig! Ergibt 4 bis 5 Marmeladengläser.

mmh!

MINI-LEBKUCHEN MIT SOFT-KIRSCHEN

Viele Kinder mögen den leicht herben Geschmack von Zitronat und Orangeat nicht so gerne. Die getrockneten Soft-Kirschen werden sie dagegen lieben. Zusammen mit Marzipan machen sie die Lebkuchen herrlich saftig.

ZUTATEN

FÜR CA. 40 STÜCK
100 g getrocknete Soft-Kirschen
100 g Marzipanrohmasse
200 g Mandeln
3 Eier
60 g Zucker
1 TL abgeriebene Schale von 1 Bio-Zitrone
½ TL Zimtpulver
2 TL Lebkuchengewürz
3–4 Tropfen Bittermandelaroma
50 g gemahlene Haselnüsse
ca. 40 Backoblaten (à 5 cm Durchmesser)

ca. 25 Min. + ca. 18 Min. Backzeit

1. Den Backofen auf 180 °C vorheizen. Ein Backblech mit Backpapier belegen. Die Kirschen mit einem scharfen Messer in kleine Stücke schneiden. Die Marzipanrohmasse in sehr kleine Würfel schneiden. Die Mandeln im Blitzhacker eher grob als fein mahlen.

2. Die Eier mit dem Zucker, der Zitronenschale, dem Zimtpulver, dem Lebkuchengewürz und dem Bittermandelaroma dickcremig aufschlagen. Die Haselnüsse, die Mandeln, die Soft-Kirschen und das Marzipan dazugeben und gut untermischen.

3. Die Masse gleichmäßig mit einem Messer auf die Backoblaten streichen und aufs Backblech setzen. Die Lebkuchen im Ofen auf der mittleren Schiene etwa 18 Minuten backen.

NUSSWECHSEL

Mit Walnüssen schmecken die Lebkuchen kräftiger. Walnüsse lassen sich auch mit Mandeln oder Haselnüssen kombinieren – insgesamt sollen es dann 250 g sein.

FRUCHTWECHSEL

Probieren Sie statt Soft-Kirschen auch mal Soft-Aprikosen oder Soft-Cranberrys. Durch ein besonderes Trocknungsverfahren sind Soft-Trockenfrüchte besonders saftig und aromatisch.

ALTERNATIVE SÜSSE

Statt Zucker können Sie auch Rübensirup, Honig oder Dattelsirup für den Lebkuchenteig verwenden. Die Menge bestimmen Sie nach Ihrem eigenen Geschmack.

KAPITEL 3

GESCHENKE ZUM VERNASCHEN

Selbstgemachtes aus der Küche ist immer ein ganz persönliches Geschenk. Vielleicht verlegen Sie den vorweihnachtlichen Bastelnachmittag mal in die Küche, denn Backen ist wie Basteln – nur leckerer! Fabrizieren Sie mit Ihren Kindern knuspriges Konfekt, Köstliches fürs Brot, crunchiges Müsli oder cremigen Schokolikör. Für Familie, Freunde, Erzieherinnen, Lehrer, Briefträger, Müllmänner – einfach für alle, denen man eine besondere Freude machen möchte. Schöner kann man nicht Danke sagen.

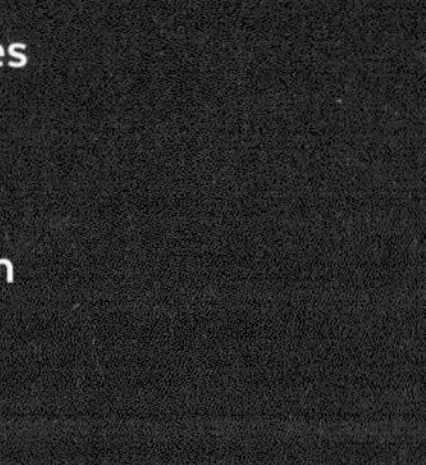

MANDELSPLITTER

Leckere Last-minute-Geschenke, die Sie mit Ihrer Lieblings-Schokoladensorte zubereiten können. Oder Sie machen gleich alle Variationen und haben dann einen kleinen Geschenkevorrat.

1 Die Zartbitter-, die Vollmilch- oder die weiße Kuvertüre hacken und in einer Metallschüssel über dem heißen Wasserbad unter Rühren schmelzen. Die Kuvertüre darf nicht zu heiß werden, damit sie nicht klumpt.

2 Die Mandelstifte in einer Pfanne ohne Fett anrösten, bis sie duften. Zucker und Zimtpulver vermischen, über die Mandeln streuen, gründlich unterrühren und die Pfanne vom Herd nehmen.

3 Die Butter unter die geschmolzene Kuvertüre rühren, die Mandelstifte dazugeben und gründlich untermischen.

4 Einen Bogen Backpapier auf die Arbeitsfläche legen. Mithilfe von zwei Teelöffeln kleine Mandel-Schoko-Häufchen auf das Backpapier setzen und die Häufchen trocknen lassen.

Weihnachtscrossies:

Für eine knusprige Variante 100 g Kuvertüre wie oben beschrieben schmelzen. 1 TL Butter unterrühren und die Kuvertüre mit etwas Zimt- und Kardamompulver würzen. Etwa 10 g Cornflakes etwas kleiner bröseln und mit 60 g Mandelstiften unter die Kuvertüre rühren. Wie oben beschrieben auf Backpapier setzen und fest werden lassen. Ergibt etwa 15 Stück.

ZUTATEN

FÜR CA. 45 STÜCK
250 g Zartbitter-, Vollmilch- oder weiße Kuvertüre
250 g Mandelstifte
2 EL Zucker
1 EL Zimtpulver
3 TL Butter

ca. 30 Min.
+ ca. 60 Min. Trockenzeit

GANZ EASY

GESCHENKE IM GLAS

FÜR 2 GLÄSER BRAUCHT MAN:

- 1 WEIßES BLATT PAPIER DIN A4
- DRUCKER
- 1 FOTOKARTON DIN A4
- KLEBER
- SCHERE
- 2 GROßE SCHRAUBGLÄSER MIT DECKEL (MAX 7 CM Ø)
- MUFFIN-PAPIERFÖRMCHEN
- 2 GUMMIBÄNDER

(1) VORLAGEN WEIHNACHTSMANN, HIRSCH & FENSTER AUS DEM INTERNET HERUNTERLADEN & AUSDRUCKEN.

(↓) S. 88

(2) MOTIVE AUF KARTON KLEBEN, AUSSCHNEIDEN & AUF DIE GLÄSER KLEBEN. DIE FENSTERLÄDEN NUR AN DEN INNENSEITEN ANKLEBEN.

(3) BROWNIES, KEKSE ODER ANDERE GESCHENKE MIT ODER OHNE PAPIERFÖRMCHEN IN DIE GLÄSER FÜLLEN & MIT DEN DECKELN VERSCHLIEßEN. PAPIERFÖRMCHEN ÜBER DIE DECKEL STÜLPEN & MIT GUMMIBÄNDERN FIXIEREN.

MARZIPAN-SCHNEEMÄNNER

1 Marzipanrohmasse mit den Händen weich kneten. Für jeden Schneemann 2 Kugeln mit etwa 3 cm Durchmesser für den Körper und 1 Kugel mit etwa 2 cm Durchmesser für den Kopf formen. Dann je 2 längliche, etwa 3 cm lange Marzipanstücke für die Arme formen. In jede kleine Kugel 2 Zuckerperlen als Augen drücken. In die Hälfte der anderen Kugeln je 3 Zuckerperlen als Knöpfe drücken. Aus der roten Marzipanrohmasse kleine, spitze Nasen formen und fest in die Mitte der Köpfe drücken. Mit einem spitzen Messer einen Mund einritzen.

2 Aus je 1 etwa walnussgroßen Stück rotem Marzipan einen Hut oder eine Mütze formen. Dabei jeweils mit der Rundung anfangen und unten mit dem Daumen einen Hohlraum eindrücken, damit die Kopfbedeckung auf den Schneemannkopf passt. Für einen Hut das Marzipan für die Krempe nach außen drücken, Zipfelmützen nach oben hin dünner werden lassen und für Pudelmützen oben noch einen runden Bommel andrücken. Nach Belieben die Bündchen extra aufsetzen und in die Mützen ein Muster einritzen.

3 Für jeden Schneemann die Kugeln aufeinandersetzen und vorsichtig festdrücken. Die Arme fest an die Seiten der mittleren Kugel drücken (falls es nicht gut hält, die einzelnen Teile zusätzlich mit etwas Zuckerguss fixieren). Die Kopfbedeckung auf den Schneemannkopf drücken.

4 Zuletzt aus dem übrigen roten Marzipan einen langen Schal formen. Mit einem Messer Fransen einschneiden und nach Belieben ein Muster einritzen. Den Schal um den Schneemann legen. (Ganz einfach lässt sich der Marzipanschal übrigens auch durch bunte Fruchtgummischnüre ersetzen.) Wer mag, bestreut die Figur noch mit etwas Puderzucker als Schnee.

5 Den Karton in etwa 3×5 cm große Stücke schneiden. „Let it snow“ oder andere Botschaften daraufschreiben. Zahnstocher als Stiele auf die Rückseiten der Kartonstücke kleben. Die Schilder jeweils in einen Schneemannarm stecken.

ZUTATEN

FÜR 4 STÜCK
250 g Marzipanrohmasse
kleine Zuckerperlen für Augen und Knöpfe
80 g rote Marzipanrohmasse
Puderzucker
1 kleines Stück bunter Karton
Zahnstocher
Klebefilm

ca. 50 Min.

MACH MIT

JINGLE BELLS
WINTER TIME
LET IT SNOW

ORANGENMARMELADE

1 Die Einmachgläser und die Deckel mit kochend heißem Wasser ausspülen. Den Ingwer schälen und sehr fein würfeln. Die Orangenspalten trennen, das Fruchtfleisch klein schneiden und in einen großen, hohen Topf füllen.

2 Die Orangen kurz anpürieren, es sollen noch Stückchen zu sehen sein. Das Vanillearoma, die Orangenschale, den Gelierzucker und den Zitronensaft dazugeben und alles zum Kochen bringen.

3 Die Masse 3 Minuten sprudelnd kochen lassen. Dann die Gelierprobe machen: Etwas Marmelade auf ein Tellerchen klecksen. Zieht sie sich zusammen und wird fest, ist sie fertig. Wenn nicht, noch etwas Gelierzucker dazugeben und weitere 3 Minuten kochen lassen. Die Marmelade in die Einmachgläser füllen und sofort verschließen. Gläser umdrehen und abkühlen lassen.

ZUTATEN

FÜR 5 EINMACHGLÄSER À 200–300 ML

10 g Ingwer
1 kg Orangenfruchtfleisch (ca. 1½ kg Orangen)
6–8 Tropfen Vanillearoma
1 EL abgeriebene Bio-Orangenschale
500 g Gelierzucker (2 : 1)
3 EL Zitronensaft

ca. 40 Min.

SPEKULATIUSAUFSTRICH

Meine Oma legte gerne Spekulatius aufs Butterbrot. Lecker! Für alle, die es cremiger mögen, hier meine Variante.

1 Den Spekulatius in grobe Stücke brechen und im Blitzhacker ganz fein mahlen. Die Sahne, den Dattelsirup oder Honig, Spekulatiusgewürz, Zimt- und Kardamompulver dazugeben und alles gut untermixen.

2 Die Einmachgläser und die Deckel mit kochend heißem Wasser ausspülen. Den Spekulatiusaufstrich einfüllen. Dabei etwas festdrücken, damit im Glas keine Luftlöcher entstehen und sich kein Schimmel bildet. Die Gläser verschließen und kühl stellen. Der Aufstrich hält im Kühlschrank 1 bis 2 Wochen.

ZUTATEN

FÜR 5 EINMACHGLÄSER À CA. 120 ML

200 g Gewürzspekulatius
100 g Sahne
1–2 EL Dattelsirup oder Honig
2 TL Spekulatiusgewürz
2 TL Zimtpulver
½ TL Kardamompulver

ca. 10 Min.

ADVENTSMÜSLI

1 Die Walnüsse grob hacken oder zwischen den Fingern etwas kleiner bröseln. Die Datteln in kleine Stücke schneiden.

2 Die Hafer- und Dinkelflocken mit den Mandeln und den Walnüssen in einer beschichteten Pfanne ohne Fett anrösten, bis sie duften. Zimtpulver und Spekulatiusgewürz untermischen. Dattelsirup, Honig und Butter dazugeben und alles gut verrühren.

3 Die Masse auf einen Bogen Backpapier schütten, gleichmäßig darauf verteilen und abkühlen lassen. Zuletzt die Dattelstückchen und die Cornflakes darauf verteilen. Das Müsli in schöne Gläser oder Dosen füllen. Wer mag, legt noch das Rezept dazu. Das Müsli hält sich gut verschlossen mehrere Wochen.

ZUTATEN

FÜR CA. 650 G

100 g Walnusskerne
150 g getrocknete Datteln
150 g kernige Haferflocken
100 g Dinkelflocken
100 g gehackte Mandeln
1 EL Zimtpulver
1 TL Spekulatiusgewürz
1 EL Dattelsirup
1 EL Honig
30 g Butter
50 g Cornflakes

ca. 20 Min.

SCHOKOLIKÖR

1 Die Kuvertüre in Stücke schneiden. In einem kleinen Topf die Sahne gründlich mit dem Kakaopulver verrühren und zum Kochen bringen. Puderzucker und Kardamompulver unterrühren.

2 Den Topf von der Herdplatte nehmen und die kleingeschnittene Kuvertüre zur Sahne geben und unter Rühren schmelzen lassen. Achtung: nicht wieder erhitzen oder auf die Herdplatte stellen. Wenn die Kuvertüre zu heiß wird, klumpt sie und ist nicht mehr zu gebrauchen. Sobald die Schokolade vollständig geschmolzen ist, den Rum unterrühren.

3 Die Flaschen mit kochendem Wasser ausspülen, den Schokolikör sofort einfüllen und verschließen. Im Kühlschrank hält er sich 2 bis 3 Wochen.

ZUTATEN

FÜR 3 FLASCHEN À CA. 250 ML

100 g Vollmilchkuvertüre
400 g Sahne
60 g ungezuckertes Kakaopulver
60 g Puderzucker
½ TL Kardamompulver
300 ml weißer Rum (ca. 40 %)

ca. 15 Min.

GANZ EASY
muesli
SCHOKOLIKÖR

KAPITEL 4

FEINES FÜR DIE FEIERTAGE

Die Pulsfrequenz einer Gastgeberin vor dem Servieren eines Festessens, heißt es, entspricht der eines jungen Piloten kurz vor seiner ersten Landung. Bei unseren Rezeptvorschlägen für die Feiertage können Sie wirklich ganz entspannt bleiben, versprochen. Alle Rezepte sind von Haus aus unkompliziert und vieles lässt sich vorbereiten. Suchen Sie sich trotzdem eine nette Küchenhilfe, legen Sie schöne Musik auf, zünden Sie eine Kerze an und gönnen Sie sich ein Gläschen Sekt beim Schnippeln. Schließlich ist Weihnachten!

WEIHNACHTEN

FEIERTAGE ZUM GENIESSEN

Einer der letzten Programmpunkte auf der weihnachtlichen To-do-Liste ist die Essensplanung für die Festtage. Überlegen Sie sich gut, wie lange Sie in der Küche stehen mögen. Der eine freut sich darauf, mal wieder richtig schön zu kochen, der andere möchte möglichst wenig Aufwand und einfach nur relaxen. Wie gut, dass es für beide Vorlieben Rezepte gibt. Wer sich den Speiseplan rechtzeitig überlegt und alle haltbaren Lebensmittel schon früh besorgt, spart Zeit und Nerven. Schließlich muss man dann nur noch die frischen Zutaten besorgen. In kleinen Geschäften, etwa beim Metzger oder Gemüseladen um die Ecke, kann man vielerorts seine Einkaufsliste abgeben und braucht die Ware nur noch abzuholen. Vor Feiertagen liebe ich diesen Service.

SCHÖNE BESCHERUNG

MACHT ALLE FROH

Beachten Sie bei Ihrer Speiseplanung: Je jünger die Kinder sind, desto weniger Zeit haben sie am Weihnachtsabend für das Essen. Verschieben Sie Ihr Drei-Gänge-Menü lieber auf den Feiertag und bringen Sie Heiligabend etwas Schnelles, Unkompliziertes auf den Tisch. Das ist für alle entspannter.

GRUSS AUS DER KÜCHE

Wenn bei uns das Glöckchen den Heiligabend einläutet, gibt es – zu einem Glas Sekt oder Champagner für die Großen und Kindersekt für die Kleinen – ein paar Häppchen für den ersten Hunger. Das können Cracker mit Frischkäsecreme sein, gefüllte Blätterteighäppchen, Crostini oder belegte Baguettescheiben, gefüllte oder mit Schinken umhüllte Datteln.

Lassen Sie am besten erst die Geschenke auspacken und etwas später gibt es am festlich gedeckten Tisch Leckeres, das bereits vorbereitet in der Küche steht. Zum Beispiel eine Platte mit feinen Räucherfischen, verschiedene Antipasti oder eine Auswahl besonderer Käsesorten mit frischen Früchten und leckeren Chutneys. Auch frische, gefüllte Nudeln vom Italiener sind blitzschnell gekocht und mit zerlassener Butter und frisch geriebener Parmesan ein Gedicht.

+ Und Nachtisch?

Braucht es nicht! Am Weihnachtsabend freut sich doch jeder auf einen bunten Teller mit selbst gemachten Plätzchen und auf Weihnachtskonfekt.

PRAKTISCH & EDEL

Gut vorzubereiten und nicht alltäglich sind die Salat- oder die Vorspeisenrezepte auf den nächsten Seiten, wie der Linsensalat mit Garnelen, der Hähnchenbrustsalat mit Mangosalsa, das Apfel- oder Rote-Bete-Carpaccio. Der Vorteil: nichts wird kalt, wenn die Kinder vielleicht doch noch mit den Geschenken spielen.

Weihnachtsmenü fix und festlich

Auch der Aufwand für ein mehrgängiges Weihnachtsmenü kann sich in Grenzen halten, wie unsere Rezepte auf den nächsten Seiten zeigen. Sie sind übrigens so konzipiert, dass sich Vorspeisen, Hauptspeisen und Desserts beliebig variieren lassen und immer zusammenpassen. Auf Klassiker wie die Weihnachtsgans oder den Karpfen haben wir bewusst verzichtet und setzen auf Rezepte, die auch Ungeübten problemlos gelingen. Einige Rezepte lassen sich praktischerweise schon vorher zubereiten, bei den anderen kann man vieles vorbereiten.

Das Auge isst mit

Kleinigkeiten zaubern Weihnachtsstimmung auf den Teller. Für weihnachtliche Appetithäppchen schneiden Sie Pizza- oder Weißbrot in kleine Dreiecke, bestreichen sie mit etwas Kräuterfrischkäse oder Guacamole und streuen Paprikawürfelchen darüber. Ein Stück Salzstange als Stamm hineinstecken, dann sehen die Häppchen aus wie kleine Weihnachtsbäume. Aus Brot oder Blätterteig lassen sich ebenso wie aus Butter weihnachtliche Motive wie Glocken, Schneeflocken, Sterne oder Engel ausstechen und zu Suppen und Vorspeisen reichen. Wer Zucchinistreifen in Wellen legt und einen Holzspieß durch die Mitte steckt, bekommt einen kleinen Weihnachtsbaum, den man auf ein Stück Baguette aufspießen kann, die Spitze wird ein Mini-Käsestern (siehe Illustration rechts). Versetzt übereinandergestapelte, ausgestochene Käsesterne sehen aus wie ein Tannenbaum und machen sich gut auf einer Käseplatte mit Früchten.

Blitzdeko für die Weihnachtstafel

Es braucht nicht viel, um einen Tisch zur Tafel zu machen. Eine weiße Tischdecke oder unifarbene Platzsets bilden immer eine festliche Basis. Schöne Teller, Gläser, Besteck und Servietten, vielleicht Platzteller - fehlt nur noch ein wenig weihnachtliche Tischdeko:

Wer's natürlich liebt, legt Sternanis, getrocknete Orangenscheiben, Walnüsse und mit Schleifen gebündelte Zimtstangen dekorativ auf den Tisch. Edel wird's mit Blumengestecken und kleinen Weihnachtskugeln. Oder wie wär's mit kleinen Engeln oder Engelsflügeln und Glitzersteinen? Tannenzweige passen immer und verströmen schönen Weihnachtsduft. Und Kerzen gehören einfach auf jede Weihnachtstafel: egal ob Stabkerzen im edlen Kerzenständer, Teelichter in schönen Gefäßen oder Stumpenkerzen, zum Beispiel mit Samtbändern oder Filzbanderolen umwickelt oder in Glaswindlichtern. Auch Tischkärtchen sind nette Hingucker. Auf der nächsten Seite finden Sie welche zum Selbstbasteln.

+ Tannenbäume zum Essen?

PRICKELNDER AUFTAKT

Starten Sie das Festtagsmenü mit einem der beiden Aperitifs. Für die Kids gibt es ganz edel Saft oder Cranberry-Lime im Proseccoglas.

Rosso Milano:
dafür 1 cl Campari und 1 cl Cranberrysaft mit kaltem Sekt auffüllen.

Alkoholfrei gemixt wird der
Cranberry-Lime:
6 cl Cranberrysaft mit 1 cl Limettensaft mischen, mit Mineralwasser oder Tonicwater auffüllen.

TANNEN-TISCHKARTEN

FÜR 6 STÜCK BRAUCHT MAN:

- 1 WEIßES BLATT PAPIER DIN A4
- DRUCKER
- 3 BÖGEN KARTON DIN A4
- BLEISTIFT
- SCHERE/CUTTER
- BUCHSTABENSTEMPEL
- WEIßES STEMPELKISSEN
- KLEBER
- WEIßE MINIPOMPONS 7 MM Ø
- GOLDENE MINISTERNE
- BUNTE SCHNUR

① VORLAGE TANNE AUS DEM INTERNET HERUNTERLADEN & AUSDRUCKEN S.88 ODER SELBST EINE ZEICHNEN.

DIE TANNE AUSSCHNEIDEN.

② DEN GRAUEN KARTON IN GRÖßE DER VORLAGE AUSSCHNEIDEN, MITTIG FALTEN & WIEDER AUFKLAPPEN. TANNE AUF DEN OBEREN TEIL LEGEN, UMZEICHNEN & MIT DEM CUTTER AUSSCHNEIDEN. DABEI DARAUF ACHTEN, DASS DAS STAMMENDE NICHT ABGESCHNITTEN WIRD! AUS DEN RESTEN DES KARTONS SCHILDCHEN FÜR DIE NAMEN SCHNEIDEN, BESTEMPELN & AUF DEN UNTEREN TEIL AUFKLEBEN. POMPONS & STERNCHEN AUF DIE TANNE KLEBEN & SCHNUR DRUMHERUM BINDEN.

Otto

LINSEN-GARNELEN-SALAT

1 Linsen abbrausen und nach Packungsanweisung in der Gemüsebrühe etwa 30 Minuten garen. Ist noch viel Kochflüssigkeit vorhanden, die Linsen in ein Sieb abgießen und abtropfen lassen.

2 Den Zucker in einer beschichteten Pfanne erhitzen. Sobald er sich fast verflüssigt hat, mit dem Balsamico und 2 EL Wasser ablöschen und unter Rühren etwas einköcheln lassen. Den Balsamicosud und 1 EL Olivenöl unter die Linsen rühren. Mit Salz, Pfeffer, etwas Chili und dem Koriandergrün würzen.

3 Tomaten waschen und halbieren. Lauch putzen, waschen, klein schneiden und im restlichen Öl 2 Minuten andünsten. Garnelen hinzufügen und kurz mitbraten, salzen und pfeffern. Salat mit Garnelen und Lauch anrichten, mit Zitronensaft beträufeln. Mit Tomaten garnieren.

ZUTATEN

FÜR 4 PERSONEN
150 g Berglinsen
400 ml Gemüsebrühe (Instant)
1 EL Zucker • 3 EL Aceto balsamico
2 EL Olivenöl • Salz
Pfeffer aus der Mühle • Chilipulver
2 EL gehacktes Koriandergrün
8 Cocktailtomaten • ½ Stange Lauch
200 g vorgegarte Garnelen
Zitronensaft

ca. 25 Min.
+ ca. 30 Min. Kochzeit

HERINGSSALAT

1 Die Eier hart kochen. Die Matjesfilets unter fließendem Wasser abbrausen, mit Küchenpapier trocken tupfen und in kleine Stücke schneiden.

2 Zwiebel schälen und fein würfeln. Die Roten Beten abgießen, 3 EL Flüssigkeit auffangen, beiseitestellen. Rote Beten in kleine Stücke schneiden. Die Äpfel schälen, entkernen und ebenso wie die Gurken klein würfeln. Walnüsse grob hacken. Eier pellen und in Würfel schneiden. Alle Salatzutaten in eine große Schüssel füllen.

3 Für die Sauce saure Sahne, Sahne, Essig, Salz, Pfeffer, Dill und den Rote-Bete-Saft verrühren, über den Salat gießen und gründlich untermischen. Mindestens 1 Stunde im Kühlschrank durchziehen lassen. Vor dem Servieren noch mal mit Salz und Pfeffer abschmecken und mit Dill garnieren.

ZUTATEN

FÜR 6–8 PERSONEN
2 Eier • 250 g Matjesfilets (in Öl)
½ Gemüsezwiebel
1 Glas Rote Bete (Abtropfgewicht 220 g) • 2 Äpfel • 4 Gewürzgurken
50 g Walnusskerne
150 g saure Sahne
100 g Sahne • 2 EL Essig
Salz • Pfeffer aus der Mühle
2 EL gehackter Dill

ca. 25 Min.
+ 1 Std. Kühlzeit

KARTOFFELSALAT

1 Die Kartoffeln waschen und in einem Topf mit Salzwasser je nach Größe 30 bis 40 Minuten garen. Abkühlen lassen und in Scheiben schneiden.

2 Frühlingszwiebeln putzen und in feine Ringe schneiden. Mit den Kartoffeln in eine Schüssel füllen. Die warme Brühe darübergießen. Olivenöl und Balsamico dazugeben. Alles vermischen und mit Salz und Pfeffer würzen. Mindestens 1 Stunde durchziehen lassen. Mit Salz, Pfeffer und Balsamico abschmecken.

3 Vor dem Servieren die Kürbiskerne in einer beschichteten Pfanne ohne Fett anrösten, bis sie duften. Über den Salat streuen. Den Schinken in Streifen schneiden und in der Pfanne kurz knusprig anbraten. Zuletzt über dem Kartoffelsalat verteilen.

ZUTATEN

FÜR 6–8 PERSONEN
1½ kg festkochende Kartoffeln
Salz • 4 Frühlingszwiebeln
400 ml kräftige Instantbrühe
6 EL Olivenöl
8 EL Balsamico bianco
Pfeffer aus der Mühle
8 EL Kürbiskerne
8 Scheiben Schwarzwälder Schinken

ca. 35 Min.
+ 30–40 Min. Kochzeit
+ mind. 1 Std. Ruhezeit

HÄHNCHEN MIT MANGO

1 Das Hähnchenfleisch waschen, trocken tupfen, mit Salz und Pfeffer würzen. In einer Pfanne 1 EL Öl erhitzen und das Fleisch darin zugedeckt bei mittlerer Hitze je nach Dicke des Filets 10 bis 12 Minuten braten, dabei einmal wenden.

2 Mango schälen, das Fruchtfleisch vom Stein schneiden und fein würfeln. Frühlingszwiebeln putzen, waschen und in feine Ringe, Tomate waschen und in kleine Würfel schneiden. Paprikaschote längs halbieren, entkernen, waschen und in kleine Würfel schneiden. Mango- und Gemüsewürfelchen in einer Schüssel mit dem restlichen Öl, Balsamico, Zitronensaft, Koriandergrün und Chili mischen. Mit Salz und Pfeffer würzen.

3 Das Hähnchenfleisch in feine Scheiben schneiden. Fächerförmig auf Tellern anrichten und die Mangosalsa darüber verteilen.

ZUTATEN

FÜR 4 PERSONEN
1 Hähnchenbrustfilet (ca. 300 g)
Salz • Pfeffer aus der Mühle
2 EL Öl • ½ reife Mango
3 Frühlingszwiebeln
1 Tomate • 1 Paprikaschote
2 EL Balsamico bianco
2 EL Zitronensaft
2 EL gehacktes Koriandergrün
½–1 TL fein gehackte Chilischote

ca. 30 Min.

ROTE BETE-CARPACCIO
MIT VORGEGARTER ROTER BETE IN EINEM VIERTELSTÜNDCHEN ZUBEREITET
SÜSS-KARTOFFEL-SUPPE
EINFACH AM VORTAG ZUBEREITEN UND DANN NUR NOCH AUFWÄRMEN

FORELLEN-MOUSSE

IST FIX GEMIXT UND GUT VORZU-BEREITEN – UND SCHMECKT AUCH MIT THUNFISCH AUS DER DOSE

APFEL-CARPACCIO

SIE MÖGEN KEINE KAPERN? STREUEN SIE GEHACKTE WALNÜSSE DARÜBER

ROTE-BETE-CARPACCIO

1 Die Roten Beten auf dem Gemüsehobel in sehr feine Scheiben hobeln. Die Scheiben fächerförmig überlappend im Kreis auf Tellern anrichten.

2 Oliven- und Walnussöl mit Balsamico, 1 Prise Zucker, Salz und Pfeffer verrühren. Das Dressing gleichmäßig über den Rote-Bete-Scheiben verteilen.

3 Von den Walnüssen 4 Hälften zum Garnieren beiseitelegen. Die restlichen Walnüsse zwischen den Fingern grob zerbröseln und auf dem Carpaccio verteilen. Je 1 Ziegenfrischkäsetaler in die Mitte setzen, mit Schnittlauchröllchen bestreuen und je 1 Walnusshälfte auf jeden Taler setzen. Mit Baguette servieren.

ZUTATEN

FÜR 4 PERSONEN
300 g Rote Beten (vorgegart und vakuumiert)
2 EL Olivenöl
1 TL Walnussöl (nach Belieben)
2–3 EL Balsamico bianco
Zucker
Salz · Pfeffer aus der Mühle
70 g Walnusskerne
4 Ziegenfrischkäsetaler (100 g)
4 TL Schnittlauchröllchen

ca. 15 Min.

SÜSSKARTOFFELSUPPE

1 Lauch putzen, waschen und in Ringe schneiden. Ingwer schälen und fein würfeln. Süßkartoffeln schälen und grob würfeln.

2 Das Öl in einem Topf erhitzen. Lauch und Ingwer kurz darin anschwitzen. Süßkartoffeln dazugeben. Gemüsebrühe und Kokosmilch angießen, alles einmal aufkochen und ein wenig salzen. Etwa 15 Minuten leicht köcheln lassen.

3 Die Suppe pürieren und mit Curry, Zitronensaft, Sojasauce und Pfeffer würzen. Nach Belieben Blätterteigschneeflocken auf der Suppe schwimmen lassen. Dafür entsprechend ausgestochenen Blätterteig im Ofen bei 200 °C 10 Minuten backen.

ZUTATEN

FÜR 4 PERSONEN
½ Stange Lauch · 10 g Ingwer
500 g Süßkartoffeln · 1 EL Öl
300 ml Gemüsebrühe
400 ml Kokosmilch
Salz · 1–2 TL Currypulver
2 EL Zitronensaft
3 EL Sojasauce
Pfeffer aus der Mühle
Blätterteigschneeflocken (nach Belieben)

ca. 30 Min.

FORELLENMOUSSE

1 Die Petersilie waschen und trocken schütteln, die Blättchen abzupfen, einige zum Garnieren grob hacken und beiseitelegen, den Rest fein hacken.

2 Die Forellenfilets mit dem Mascarpone, den Sardellen (nach Belieben), den Kapern, dem Senf und Zitronensaft im Mixer pürieren. Die fein gehackte Petersilie unterheben. Die Mousse in eine Schüssel füllen und im Kühlschrank mindestens 1 Stunde fest werden lassen.

3 Die Mousse in Schälchen füllen oder Nocken abstechen, auf Tellern anrichten und mit Petersilienblättchen garnieren. Mit Baguette oder Sternen aus Toastbrot (ausgestochen) servieren.

ZUTATEN

FÜR 4 PERSONEN
½ Bund Petersilie
125 g geräucherte Forellenfilets (ohne Haut und Gräten)
125 g Mascarpone
2 Sardellenfilets (nach Belieben)
1 EL Kapern
2 EL mittelscharfer Senf
4 EL Zitronensaft

ca. 15 Min.
+ ca. 1 Std. Kühlzeit

APFEL-CARPACCIO

1 Die saure Sahne mit Balsamico oder Zitronensaft und Meerrettich verrühren, mit Salz, Pfeffer und etwas Zucker würzen.

2 Die Äpfel nach Belieben schälen oder waschen und trocken reiben. Die Kerngehäuse mit dem Apfelausstecher herauslösen. Die Äpfel auf dem Gemüsehobel in dünne Scheiben hobeln und auf Tellern fächerförmig anrichten.

3 Die Sauce gleichmäßig über den Apfelspalten verteilen und nach Belieben mit Kapern und etwas Pfeffer bestreuen. Mit italienischem Weißbrot oder Baguette servieren.

ZUTATEN

FÜR 4 PERSONEN
200 g saure Sahne
1 EL Balsamico bianco oder Zitronensaft
2 EL Meerrettich (aus dem Glas)
Salz • Pfeffer aus der Mühle
Zucker
2 knackige Äpfel
Kapern zum Bestreuen (nach Belieben)

ca. 20 Min.

LACHS IM BLÄTTERTEIG

Ich liebe dieses Rezept! Erstens lässt es sich gut vorbereiten und im Kühlschrank lagern und zweitens braucht es dazu fast nur Zutaten aus der Tiefkühltruhe – also auch perfekt, wenn spontan Gäste kommen.

1 Das Lachsfilet auftauen lassen. Die Blätterteigscheiben nebeneinanderlegen und auftauen lassen. Eine Kastenform mit 26 cm Länge mit Backpapier auslegen. Die Eier trennen.

2 Den Backofen auf 200 °C vorheizen. Lachsfilet waschen und trocken tupfen. Mit Salz, Pfeffer und etwas abgeriebener Zitronenschale würzen. Von 1 Blätterteigplatte 1 Stück abschneiden und daraus 12 kleine Sterne ausstechen. Den übrigen Blätterteig noch etwas größer ausrollen. Die Kastenform mit dem Blätterteig auslegen, sodass er an einer Längsseite noch so weit herausragt, dass man ihn später über die Füllung klappen kann. Die Schnittkanten aneinanderdrücken.

3 Die Hälfte der Spinatminis auf dem Blätterteig verteilen. Den Lachs gleichmäßig auf den Spinat legen. Den restlichen Spinat gleichmäßig über dem Lachs verteilen. Den überstehenden Blätterteig darüberklappen und die Ränder an den Seiten fest zusammendrücken. Blätterteig mit verquirltem Eiweiß bestreichen und die Sterne daraufsetzen. Im Ofen auf der mittleren Schiene etwa 50 Minuten backen.

4 Etwa 10 Minuten vor Ende der Backzeit den Orangensaft mit den Eigelben über dem heißen Wasserbad dickcremig aufschlagen. Sobald die Masse heiß ist, die kalte Butter stückchenweise unterrühren. Sauce mit Salz, Pfeffer und restlicher Zitronenschale würzen.

5 Die Pastete mithilfe des Backpapiers aus der Form heben, in Scheiben schneiden und mit der Sauce servieren. Dazu passt Reis, z. B. Langkornreis oder eine Basmati-Wildreis-Mischung.

ZUTATEN

FÜR 6 PERSONEN
250 g TK-Lachsfilet
300 g TK-Blätterteig
2 Eier
Salz • Pfeffer aus der Mühle
abgeriebene Schale von
1 Bio-Zitrone
350 g TK-Rahm-Spinatminis
¼ l Orangensaft
50 g kalte Butter

ca. 30 Min.
+ ca. 30 Min. Auftauzeit
+ ca. 50 Min. Backzeit

TIPP:
Wenn Sie keine Spinatminis bekommen, tauen Sie den Rahmspinat in einem Topf auf, bevor Sie ihn verwenden. Die Pastete schmeckt natürlich auch mit frischem Spinat.

GANZ EASY

GANZ FIX

ENTENBRUST MIT ORANGEN

Wem ein großer Braten zu viel ist, für den ist ein Filetstück genau das Richtige. Einfach gut gewürzt in den Ofen schieben – fertig! Weil Entenbrustfilet eine kurze Garzeit hat und zartrosa am besten schmeckt, kommt sie erst in den Ofen, wenn die Vorspeise serviert wird.

1 Den Backofen auf 200 °C vorheizen. Entenbrustfilets waschen, mit Küchenpapier trocken tupfen, mit Salz und Pfeffer von beiden Seiten würzen. Mit der Hautseite nach oben in einen Bräter legen und im Ofen auf der 2. Schiene von oben 30 bis 35 Minuten – je nach Dicke der Entenbrustfilets – braten.

2 Inzwischen die Orangen so großzügig schälen, dass auch die weiße Haut mit entfernt wird. Die Filets zwischen den einzelnen Trennhäuten herausschneiden und den Saft auffangen.

3 Die Zwiebel schälen, in feine Würfel schneiden und im Öl glasig dünsten. Orangenfilets mit Saft dazugeben und etwa 5 Minuten köcheln lassen. Mit Salz, Ingwer-, Zimt- und Chilipulver abschmecken.

4 Die Entenbrust in Scheiben schneiden und auf vorgewärmten Tellern mit den Orangen anrichten und mit fein geschnittenen Lieblingskräutern garnieren. Nach Belieben noch ein paar Soft-Cranberrys und/oder Pistazien darüberstreuen. Dazu passen Kroketten, gebratene Kartoffelwürfelchen oder ein Kartoffelgratin.

Entenbraten aus dem Ofen:

Sie möchten lieber eine ganze Ente auf den Tisch bringen? Die Garzeit für eine 2½ kg schwere Freiland-Ente liegt im Ofen bei Ober- und Unterhitze bei etwa 2½ Stunden. Eine gute Gartemperatur für Geflügelbraten ist 180 °C. Das Fleisch reicht für 6 bis 8 Portionen.

ZUTATEN

FÜR 4 PERSONEN
2 Entenbrustfilets (mit Haut; ca. 550 g)
Salz • Pfeffer aus der Mühle
3 Orangen
1 Gemüsezwiebel
1 EL Öl
Ingwerpulver
Zimtpulver • Chilipulver
Kräuter (nach Belieben)
Soft-Cranberrys und/oder gehackte Pistazien zum Garnieren (nach Belieben)

ca. 20 Min.
+ 30–35 Min. Backzeit

mmh!

GEFÜLLTE MUSCHELNUDELN

Zu einem Festessen gehört Fleisch? Mitnichten! Hier meine Alternative für alle, die es lieber fleischlos mögen - garantiert auch ein Hit bei den Kids!

ZUTATEN

FÜR 6 PERSONEN
250 g Muschelnudeln zum Füllen (Conchiglioni)
Salz
1 Handvoll Basilikum
8 getrocknete, in Öl eingelegte Tomaten
3 Frühlingszwiebeln
½ gelbe Paprikaschote
350 g Ricotta
2 EL Kapern
4 EL geriebener Parmesan
1 Eigelb
3 EL Semmelbrösel
Pfeffer aus der Mühle
Chilipulver
2 EL Öl
400 g Tomatenpüree
geriebener Parmesan zum Bestreuen
einige Basilikumblätter zum Garnieren (nach Belieben)

ca. 50 Min.

1 Die Nudeln in Salzwasser nach Packungsanweisung bissfest kochen. Das Basilikum waschen, trocken schütteln und fein hacken. Die Tomaten abtropfen lassen und grob zerteilen. Die Frühlingszwiebeln putzen, waschen und in sehr feine Ringe schneiden. Die Paprikaschote entkernen, waschen und in sehr feine Würfel schneiden.

2 Für die Füllung den Ricotta mit den Kapern und den Tomaten pürieren. Parmesan, Eigelb und Semmelbrösel dazugeben und untermixen. Die Masse mit Pfeffer, Chilipulver und nach Belieben noch mit etwas Salz würzen. Basilikum unterheben.

3 Die Nudeln abgießen, abtropfen lassen und mit der Ricottamasse füllen. Das geht am einfachsten und saubersten, wenn man die Masse in einen Spritzbeutel mit Lochtülle füllt.

4 Für die Sauce je 1 EL Öl in zwei beschichteten Pfannen erhitzen. Je die Hälfte der Frühlingszwiebeln und Paprikawürfel dazugeben und kurz andünsten. Je die Hälfte des Tomatenpürees hinzufügen und heiß werden lassen. Mit Salz, Pfeffer und Chilipulver abschmecken. Die gefüllten Nudeln in die Pfannen setzen, Deckel auflegen und bei schwacher Hitze erwärmen.

5 Die gefüllten Muschelnudeln sternförmig auf vorgewärmten Tellern anrichten, dabei die Mitte des Tellers frei lassen. Je 1 Klecks Sauce in die Mitte setzen. Die Muschelnudeln mit frisch geriebenem Parmesan und Pfeffer bestreut servieren. Nach Belieben mit Basilikum garnieren.

VEGGIE

WALNUSS-EISDESSERT

DAS EASY-PEASY BLITZDESSERT FÜR GOURMETS – YUMMY!

LEBKUCHEN-MOUSSE

DIE MOUSSE IST EIN MUSS FÜR SCHOKOHOLICS

SPEKULATIUS-KUCHEN

KÖSTLICHER KÜHLSCHRANKKU-CHEN. UNBEDINGT PROBIEREN!

HONIG-EISPARFAIT

AUCH FÜR UNGEÜBTE LEICHT NACHZUMACHEN

WALNUSS-EISDESSERT

1 Den Joghurt als Saucenspiegel in die Mitte der Dessertteller setzen. Je 1 Kugel Walnusseis daraufsetzen.

2 Den Honig mithilfe eines Teelöffels in dünnen Fäden über Joghurt und Eis laufen lassen.

3 Die Walnüsse mit den Fingern grob zerkleinern und über Eis und Joghurt streuen. Nach Belieben kleine Weihnachtsplätzchen, z.B. Zimtsterne oder Butterplätzchen mit Weihnachtsmotiven, außen herumlegen.

ZUTATEN

FÜR 4 PERSONEN
250 g Rahmjoghurt oder griechischer Joghurt
4 große Kugeln Walnusseis
4 EL Honig (z.B. Akazienhonig)
60 g Walnusskerne
Weihnachtsplätzchen (nach Belieben)

ca. 15 Min.

LEBKUCHENMOUSSE

1 Die Zartbitterkuvertüre hacken und in einer Metallschüssel über dem heißen Wasserbad unter Rühren schmelzen. Die Sahne steif schlagen.

2 Die Eier mit dem Zucker über dem heißen Wasserbad dickcremig aufschlagen. Das Lebkuchengewürz unterheben. Den Topf vom Herd nehmen, die Kuvertüre unterrühren und die Masse leicht abkühlen lassen.

3 Die geschlagene Sahne unterheben und die Lebkuchenmousse im Kühlschrank mindestens 3 Stunden fest werden lassen. Von der Mousse Nocken abstechen und auf Tellern anrichten. Etwas weiße Kuvertüre darüberraspeln.

ZUTATEN

FÜR 4 PERSONEN
150 g Zartbitterkuvertüre
200 g Sahne
2 ganz frische Eier
1 TL Zucker
1 EL Lebkuchengewürz
weiße Kuvertüre zum Garnieren

ca. 20 Min.
+ ca. 3 Std. Kühlzeit

SPEKULATIUSKUCHEN

1 Die Springform einfetten. Die Gelatine in kaltem Wasser einweichen. Spekulatius zerbröseln, in einen Gefrierbeutel stecken und mit dem Nudelholz fein zerstoßen. Die Butter zerlassen. Die Spekulatiusbrösel mit der Butter mischen. Die Bröselmischung in der Form verteilen und mit einem Löffel gut festdrücken.

2 Ricotta mit Quark, Joghurt, Zucker, Honig, Dattelsirup und Zimtpulver cremig rühren. Gelatine ausdrücken und in einem kleinen Topf bei schwacher Hitze auflösen. Erst etwa 5 EL Creme unter die Gelatine rühren, dann diese Masse gründlich unter die restliche Creme rühren.

3 Creme auf dem Bröselboden verteilen und glatt streichen. 3 Stunden im Kühlschrank fest werden lassen. Nach Belieben mit Kakaopulver und Krokant bestreuen.

ZUTATEN

FÜR 1 SPRINGFORM MIT 26 CM DURCHMESSER

Fett für die Form • 9 Blatt weiße Gelatine • 200 g Spekulatius
130 g Butter • 500 g Ricotta
250 g Magerquark
150 g Naturjoghurt • 50 g Zucker
50 g Honig • 2 EL Dattelsirup
1 ½ EL Zimtpulver
Kakaopulver und Krokant (nach Belieben)

ca. 30 Min.
+ ca. 3 Std. Kühlzeit

HONIG-EISPARFAIT

1 Die Eigelbe mit dem Honig dickschaumig schlagen. Rumaroma und Mascarpone dazugeben und alles zu einer homogenen Creme verrühren. Die Form mit kaltem Wasser ausspülen. Die Masse einfüllen und 4 Stunden im Tiefkühlfach gefrieren lassen.

2 Die Mango schälen, das Fruchtfleisch auf den flachen Seiten vom Stein schneiden. Etwa zwei Drittel des Fruchtfleischs in Spalten schneiden, auf Teller verteilen und fächerförmig anrichten. Das übrige Fruchtfleisch mit dem Puderzucker pürieren.

3 Das Eisparfait in der Form kurz in heißes Wasser tauchen und mit einem Messer vom Rand lösen. Auf ein Brett stürzen und in Scheiben schneiden. Je 2 Scheiben zu den Mangospalten anrichten und mit Pistazien bestreuen. Die Mangosauce mit einem kleinen Löffel dekorativ über das Dessert laufen lassen.

ZUTATEN

FÜR 1 KASTENFORM MIT 20 CM LÄNGE ODER 1 EISFORM MIT CA. 0,75 L INHALT

3 ganz frische Eigelb
100 g Honig
5–6 Tropfen Rumaroma
500 g Mascarpone
1 reife Mango
1 EL Puderzucker
25 g gehackte Pistazien

ca. 25 Min.
+ ca. 4 Std. Tiefkühlzeit

REGISTER

A/B

C/D

E/F

G/H/I

J/K

L

M/N

O/P/Q

R/S/T

W/Z

BASTELANLEITUNGEN

DIE AUTORIN: CHRISTIANE KÜHRT

Als freiberufliche Journalistin und Autorin mit dem Schwerpunkt Ernährung, Essen & Trinken arbeitet Christiane Kührt für Zeitschriften, Agenturen und Verlage. Sie liebt Familie, entdeckt die Welt gerne durch Reisen, kocht und backt leidenschaftlich und genießt am liebsten mit allen Sinnen – möglichst in netter Gesellschaft. Alles, was sie begeistert, versucht sie, zu Papier zu bringen. Und Weihnachten, die schönste Zeit des Jahres, gehört definitiv dazu.

DANKESCHÖN

Weihnachten findet kulinarisch in meiner Versuchsküche meist im Sommer statt. Schließlich brauchen Zeitschriften und Verlage Vorlaufzeiten. Meine Familie muss also stets zur falschen Jahreszeit Weihnachtsplätzchen oder andere Rezepte testen. Natürlich gibt es Schlimmeres, trotzdem möchte ich mich bei meinen Liebsten von Herzen bedanken. Dafür, dass sie mich bei jedem Projekt voller Eifer bei der Ideenfindung sowie der geschmacklichen und optischen Feinabstimmung meiner Rezepte beratend unterstützen. Ihr seid einfach die Besten! Das gilt aber auch für das ganze Produktionsteam: die Projektleiterin Eva Hege, Lektorin Margarethe Brunner, Grafikerin Irene Schulz, Fotografin Julia Hoersch, Foodstylistin Pia Westermann und nicht zuletzt für Stylistin Katja Graumann, von der auch die schönen Do-it-yourself-Ideen in diesem Buch sind. Ohne euch alle hätte die Arbeit nur halb so viel Spaß gemacht!

IMPRESSUM

ISBN 978-3-89883-800-9 | 1. Auflage 2018

Projektleitung: Eva-Maria Hege
Rezepte & Texte: Christiane Kührt
Lektorat: Margarethe Brunner
Grafische Gestaltung: seidldesign.com; Irene Schulz
Satz: Karin Miller
Fotografie: Julia Hoersch
Foodstyling: Pia Westermann
Styling, Illustrationen und Bastelanleitungen: Katja Graumann
Producing: Jan Russok
Herstellung: Frank Jansen
Druck & Bindung: optimal media GmbH, Röbel

Kurze Wege schonen die Umwelt
Dieses Buch wurde in Deutschland gedruckt

Im Buch enthaltene Foodfotos können zur eigenen Nutzung erworben werden unter www.stockfood.com

DOWNLOAD

Die Bastelvorlagen für Adventskalender, Pfefferkuchen-Pullis und Co. können Sie sich auf www.zsverlag.de herunterladen.

Die ZS Verlag GmbH ist ein Unternehmen der Edel AG, Hamburg.
www.zsverlag.de
www.facebook.com/zsverlag